Susanne Kablitz und Christoph Braunschweig

Der Freiheit verpflichtet

DAS EINZIG WAHRE MENSCHENRECHT IST DAS RECHT, IN RUHE GELASSEN ZU WERDEN

- in memoriam Roland Baader-

Gesetze sind – auch und gerade in der modernen Demokratie – selten Instrumente, die das Recht gegen das Unrecht durchsetzen, sondern meistens politische Werkzeuge, mit denen die politisch Schwachen zugunsten der politisch Starken ausgebeutet, beraubt, unterdrückt und instrumentalisiert werden.

Roland Baader – Freiheitsfunken

Susanne Kablitz und Christoph Braunschweig

Der Freiheit verpflichtet

DAS EINZIG WAHRE MENSCHENRECHT IST DAS RECHT, IN RUHE GELASSEN ZU WERDEN

- in memoriam Roland Baader-

JUWELEN

Bibliographische Information der Deutschen Nationalbibliothek

Die deutsche Nationalbibliothek verzeichnet diese Publikation in der Deutschen Nationalbibliographie.

Detaillierte bibliografische Daten sind im Internet über http://dnb.d-nb.de abrufbar.

Verlag: JUWELEN - Der Verlag

Umschlaggestaltung: JUWELEN - Der Verlag

Aktualisierte 3. Auflage, Oktober 2015

ISBN 978-3-945822-19-7

In diesem Buch wird die klare und verständliche Sprache der geschlechtergerechten Sprache vorgezogen – dies ganz bewusst. Die geschlechtergerechte Sprache geht nämlich von der törichten Vorstellung aus, das natürliche Geschlecht habe mit dem grammatikalischen Geschlecht irgendetwas zu tun. Der bekannte Autor und Sprachkritiker Wolf Schneider, langjähriger Leiter der Henri-Nannen-Journalistenschule (vom SPIEGEL als „Sprachpapst" bezeichnet), bezeichnet die geschlechtergerechte Sprache als „Schwachsinn", der aber durch geschickte PR-Kampagne einer Gruppe militanter Feministinnen durchgesetzt wurde.

Die Evangelische Kirche in Deutschland (EKD) hat sich – wie bereits an vielen Universitäten und Behörden auch geschehen – einen Leitfaden für „geschlechtergerechte Sprache" gegeben. Der Inhalt ist derart albern und lächerlich, dass man es eigentlich nur für einen Karnevalsscherz halten würde – wenn es nicht die evangelische Kirche wäre. Denn die kennt bekanntlich keine Scherze; den Humor überlässt man dort lieber den Katholiken.

Ganz nebenbei bemerkt, widersprechen die von der evangelischen Sprachpolizei festgelegten Regelungen Martin Luthers Forderung: „Man muss die Mutter im Hause, die Kinder auf der Gassen, dem gemeinen Mann auf dem Markt drum fragen und den selbigen auf das Maul sehen, wie sie reden." Solange die EKD diesen Rat Martin Luthers missachtet und stattdessen einer volksfernen Gender-Ideologie frönt, entfernt sie sich weiter von den Menschen. Man kann nur den Kopf darüber schütteln, dass offenkundig fehlbeschäftigte Kirchenräte lieber alberne Vorschriften als das Evangelium verbreiten.

Quellen:

Thüringer Allgemeine vom 10.01.2014

Thomas Paulwitz: Weit weg von Luther, in: Junge Freiheit vom 18.07.2014, Seite 2

Dieses Buch ist dem Freiheitsdenker Roland Baader (1940 - 2012) gewidmet.

INHALTSVERZEICHNIS

Gedanken von Roland Baader:

Das Wort „sozial“ als die heiligste Vokabel der Kollektivpharisäer hat im sozialdemokratischen Jahrhundert den zehn Geboten den Rang abgelaufen.

Das Höchstmaß an „sozialer Gerechtigkeit“ ist erreicht, wenn wir alle als Penner durch die Straßen ziehen.

Ein Liberaler ist ein Mensch, der davon überzeugt ist, dass er seine eigenen Interessen besser kennt als Politiker, Bürokraten bzw. die „Mehrheit“.

Entweder wir lassen uns von den Signalen des Marktes als freie Bürger leiten – oder wir werden als Mündel und Knechte von Befehlen des Staates gelenkt. Tertium non datur. Wer den Markt verhöhnt, verachtet damit die Menschen.

Politik ist Anmaßung plus Täuschung plus Geschäft plus Bestechung. Genauer: Anmaßung gestalterischer Handlungskompetenz plus Vortäuschung der Notwendigkeit von umfassendem Aktivismus plus Geschäft mit der Bewirtschaftung des Neids plus Bestechungsspendabilität mit anderer Leute Geld.

Wer von der Politik vernünftige Entscheidungen erwartet, hat nicht begriffen, dass der Wille zur Macht stärker ist als die Vernunft.

Die Finanzwissenschaft ist die Lehre vom staatlichen Kleptokratismus. Ihr Schwerpunkt liegt in der Lieferung von theoretischen Rechtfertigungen für Steuererhebung und Staatsverschuldung sowie für Politikinterventionen aller Art.

Da man allgemein die weltweit agierenden Brandstifter (Regierungen) und ihre Brandsätze (Geldmonopol) sowie ihre Pyromanie (Verschuldungs- und Liquiditätsschöpfungswahn) für legal, notwendig und richtig hält, bedarf es einer vollbesetzten Feuerwehr (IWF), obwohl es offensichtlich ist, dass sich beide, die Brandstifter und die Feuerwehr, wechselseitig zum Zündeln und zum hochdotierten Löschen hochschaukeln.

Der Sozialstaat prämiert systematisch familien-, gemeinschafts- und leistungsschädliches Verhalten und bestraft das, was man einmal als abendländische Sekundärtugenden bezeichnet hat, nämlich Fleiß, Eigenverantwortung, Sparsamkeit, Eigenvorsorge und familiären Zusammenhalt.

Die Liebe der Intellektuellen zum Sozialstaat ist das Spiegelbild ihres Hasses auf die bürgerliche Gesellschaft.

Der Sozialismus ist eine Religion der Lüge. Ihre Glaubenssätze sind: Neid und Missgunst, Hass und Verachtung, Faulheit und Mittelmäßigkeit, Raub und Diebstahl.

Der Sozialismus kann zwar, wie Mises zu Beginn des 20. Jahrhunderts belegt hat, niemals funktionieren und wird immer in Tyrannei und Totalitarismus münden, aber er ist ein hervorragendes politisches Machtinstrument, weil er die (immer noch atavistische) psychische Konstitution der Menschen anspricht.

Freiheit verliert man in Scheibchen – die Gegenwart der Machtpolitik beweist es.

Grußwort

Was würde Roland Baader zum heutigen Stand der Schulden-, Finanz- und Eurokrise bzw. zur Krisis in Wirtschaft und Gesellschaft sagen? Was würde er zum Wahnsinn dieser Tage sagen? Leider weilt er ja seit dem 08. Januar 2012 nicht mehr unter uns. Dennoch – seine Gedanken, sein Scharfsinn, seine einmalige Formulierungskunst und vor allem seine Weitsicht leben weiter.

Und deshalb sei an dieser Stelle ein kleiner Auszug seiner Gedanken aus seinem „Meisterwerk" *Geldsozialismus* angeführt: „Prinzipiell bedeutet der politische Masterplan, den Einsturz des Finanzsystems mit weiteren astronomischen Geld- und Kreditsummen aufhalte zu wollen, nichts anderes als Kapitalvernichtung in ungeheurem Ausmaß und das Löschen von Feuer mit Benzin. Er hat ferner die Konservierung von längerfristig unhaltbaren Produktions- und Finanzstrukturen auf Kosten effizienter Unternehmen zur Folge, die Prämierung von Hasardeuren mit dem Geld aus den Ersparnistöpfen fleißiger Bürger, die Vergeudung von Vorsorgevermögen zugunsten maroder und korrupter Polit-Finanz.

Komplexe, die Zwangsüberschuldung ganzer Generationen zugunsten verschwenderischer Bankrotteure, die millionenfache Subventionierung sinnloser zu Lasten unterbleibender effizienter Arbeitsleistungen – und nicht zuletzt die schleichende Sozialisierung der Wirtschaft und den mit dem Etikett „Notwendige Kontrollen" getarnten Marsch in den totalen Staat."

Die beiden Autoren haben sich der ehrenvollen Aufgabe unterzogen, die Situation so zu beschreiben und zu erläutern, wie Roland Baader es wohl auch getan hätte. Seine Gedanken leben in diesen Ausführungen weiter. Möge das Feuer der Freiheit, das in ihm brannte, auch auf diese Art und Weise weitergetragen und verbreitet werden.

Vorwort

„Die Deutschen sind ein kurioses, ein angeknackstes Völklein. Der Knacks, den sie haben, heißt Freiheit. Ihr trauen sie nicht über den Weg. Freiheit klingt in den Ohren vieler Deutscher nach Risiko und Gefahr – und das mögen sie nicht; klingt nach Eigenverantwortung, Markt und Wettbewerb – und das mögen sie auch nicht. Stattdessen soll der Staat es richten, soll zuteilen und wegnehmen, ausschütten und enteignen, vor Unbilden im Lebenslauf schützen. Vor allem aber soll er dafür sorgen, dass der Nachbar nicht mehr hat als man selbst ... und dass jede Anstrengung wider das Mittelmaß in der Bürokratie versandet. Solche staatlichen Tauschoperationen hören auf den Namen „soziale Gerechtigkeit“, schreibt Alexander Kissler sehr treffend in *Cicero Online*. Eine Tageszeitung titelte unlängst: „Die Deutschen wünschen sich mehr Verbote.“ Es geht ihnen um einen omnipräsenten Staat, der seine Bürger von der Wiege bis zur Bahre erzieht, betreut, kontrolliert und überwacht. Kein Wunder, dass Sozialismus und Marxismus von Deutschen erfunden wurden. Man denke beispielsweise nur an Friedrich Engels und Marl Marx.

Der klassische Liberalismus vertritt genau die gegenteilige Position. Er streitet für die individuelle, selbstverantwortliche Freiheit jedes einzelnen Bürgers, nicht nur gegenüber der monopolistischen Staatsmacht, sondern ggf. auch gegen die Irrtümer der Mehrheit in der Demokratie. Wenn die Zufallsjagdgemeinschaft von drei Raubkatzen und einem Reh darüber abstimmen, was es am Abend zu fressen gibt, dann muss das Reh in der Lage sein – mit einem Gewehr bewaffnet – die Mehrheitsentscheidung anzufechten.

Im Gegensatz zum satten und in gewisser Weise degenerierten Wohlfahrtsbürger weiß der klassische Liberale ganz genau: Freiheit gibt es nicht geschenkt, nicht abgepackt, nicht zugeteilt. Wie sagte Goethe? „Nur der verdient sich Freiheit wie das Leben, der täglich sie erobern muss."

Deshalb ist kein Selbstbetrug schlimmer als das Märchen vom Staat, der Sicherheit schafft, indem er Freiheiten beschneidet; vom Staat, der Gerechtigkeit verspricht, indem er ungerecht wird; vom Staat, der sozial wird, indem er nivelliert und Neidkomplexe nährt.

Vielmehr sollte die Losung Wilhelm Röpkes gelten: „Wenn wir zur Marktwirtschaft stehen, so deshalb, weil sie eine der unerlässlichen Voraussetzungen für Freiheit, Recht, Menschenachtung, Friede und Gerechtigkeit ist."

Das vorliegende Buch sollte nicht nur Pflichtlektüre für Studenten der Wirtschaftswissenschaften sein, sondern für jeden gebildeten Bürger. Geht es doch letztlich um die Zukunft unserer Gesellschaft. Denn der selbstzerstörerische wirtschaftliche und ethisch-moralische Niedergang unseres überzogenen Wohlfahrtsstaates, der eine soziopathische Gesellschaft erzeugt hat, mündet am Ende im Verlust von Freiheit und Wohlstand für alle Bürger. Der große Freiheitsdenker Roland Baader hat als einer der wenigen Mutigen frühzeitig gegen den verhängnisvollen Zeitgeist der modernen Wohlfahrtsgesellschaft gekämpft – gegen die Entchristianisierung, die Permissivität und den Nihilismus.

Immerhin heißt es, die Feder sei auf Dauer mächtiger als das Schwert.

Vorbemerkungen

Der Zeitgeist steht links. Arbeitnehmer mit Versorgungsmentalität, wirtschaftsferne Politiker und Medien sowie ein wettbewerbsfeindliches Bildungssystem bzw. Meinungsklima gehen in Deutschland eine unheilige Allianz ein, schreibt Oswald Metzger, der ehemalige Bundestagsabgeordnete der Grünen, in der *WELT.* Obwohl die Staatswirtschaft der DDR grandios gescheitert ist, feiert der Interventionismus wieder fröhliche Urstände. In unserer Parteiendemokratie leben die allermeisten Politiker inzwischen längst „von der Politik, nicht für die Politik", wie es schon Max Weber formulierte. Im Bundestag befinden sich praktisch nur noch Menschen in gesicherter (abhängiger) Beschäftigung – in der Regel im Dunstkreis des öffentlichen Dienstes. Otto Graf Lambsdorff bemerkte dazu: „Das Parlament ist mal voll oder leerer, aber immer voller Lehrer."

Gerade in Deutschland sind die typisch Halbgebildeten anmaßend.

Jedenfalls sind aktive Unternehmer und in der Privatwirtschaft erfolgreiche Menschen in der Berufspolitik nicht zu finden. Das verstärkt wiederum die Wirtschaftsferne der herrschenden Politik und schreckt erfolgreiche Unternehmer ab, sich selbst parteipolitisch zu engagieren. Unternehmerische Freiheit steht dort oft als Synonym für Profitgier und Ausbeutung ohne soziale Verantwortung. Wettbewerb wird verunglimpft als das Recht des Stärkeren, der sich unfair und rücksichtslos durchboxt. Dass die Menschheit ohne den innovativen Unternehmergeist heute noch in Höhlen leben würde, wird selbstverständlich ausgeblendet.

Stattdessen arbeiten die zentralistisch gepolten Sozialstaatsfunktionäre in ihrer ideologischen Verblendung an der Vollendung ihrer sozial-sozialistischen Utopien.

Der freie Bürger wird Opfer der bösartigen Liebe dieser selbsternannten Hohepriester des „Sozialen". Doch für die meisten wird der überzogene Wohlfahrtsstaat mit seiner schamlosen Schuldenmacherei und öden Gleichmacherei letztlich zur Freiheits- und Armutsfalle. Permanent stellt der Staat „soziale Ungleichheiten" fest und schwingt sich selbst zum Retter von sozialen Problemen auf, die er selbst geschaffen hat.

Es ist nicht der freie Markt der versagt, sondern das staatsmonopolistische Geld- und Finanzsystem, der staatliche Umverteilungswahn, die ständigen staatlichen Interventionen, die völlige Missachtung aller elementaren Grundsätze der Ordnungspolitik, wie z. B. der Einheit von Risiko und Haftung, das monströse und ineffiziente Steuersystem, und die ständig zunehmende rechtliche Reglementierung des täglichen Lebens – bis hin zu inoffiziellen Denk- und Sprechverboten im Rahmen der politischen Korrektheit, die die aggressive Intoleranz unserer Meinungsführer in den staatsnahen Massenmedien widerspiegelt. Indem der Staat seinen Bürgern einredet, die Sozialpolitik durch steuer- und schuldeninduzierte Umverteilung sei gerecht und damit recht, macht er sie zu Mittätern, denen auch im privaten Bereich das Gefühl für Recht, Moral und Eigenverantwortung verloren geht. So wird der Bürger zum betreuten bzw. entmündigten Untertan der politischen Kaste, die das Volk mit „Brot und Spielen" bei Laune hält. Zum Schluss führt unsere degenerierte und sinnentleerte Wohlfahrtsgesellschaft in eine „DDR-light". Eine fatale Entwicklung – Ludwig Erhard würde sich im Grabe umdrehen!

Allen klassisch Liberalen gefriert das Blut in den Adern angesichts der unendlichen Naivität und nachtschwarzen Dummheit unserer von der Staatsbürokratie und den Medien inzwischen gut dressierten Sozialstaatsbürger.

Mit seiner Sprachgewalt entlarvte Roland Baader den Kollektivismus als ein einziges Zwangssystem. Er bezeichnete ihn sogar als eine Form von Geisteskrankheit und begründete dies sehr eingehend. Verhängnisvollerweise sind heute praktisch alle Parteien von den leitenden Ideen des Sozialismus durchtränkt – verbunden mit einem Meinungskonformismus, der immer mehr totalitären Charakter annimmt und bezeichnenderweise von gnadenloser Intoleranz gekennzeichnet ist. Der erzliberale Roland Baader verstand sich bescheiden als Übersetzer der großen Freiheitsideen und der wichtigsten Erkenntnisse der Ökonomie und anderer Geisteswissenschaften. Er übersetzte diese in eine verständliche Sprache und die Leser mitreißende, entflammte Sprache, die auch Wortwitz und Heiterkeit beinhaltet.

Selten hat jemand die gefährlichen Irrtümer der Moderne so geistesscharf im Urteil und markant im Stil widerlegt wie Roland Baader. Und es störte ihn nicht, dass man in Deutschland die amerikanische Art, komplizierte Zusammenhänge möglichst einfach darzustellen, für unwissenschaftlich hält. Niemand hat die Gefährdungen von Freiheit, Wohlstand und Ethik durch den sozialistischen Zeitgeist so aufrüttelnd aufgezeigt wie er.

Die politische Klasse, die Intellektuellen, die Mediengurus und natürlich die keynesianisch geprägten „Mainstream-Ökonomen“ dürften sich bei der Lektüre von Roland Baader sehr unwohl fühlen – wie auf einen heißen Grill festgebunden. Und nicht wenige Roland-Baader-Leser aus dem bürgerlichen Lager sind erst über ihn an die Werke der großen liberalen Denker wie z. B. John Stuart Mill, John Locke, Lord Acton, Alexis de Tocqueville, Edmund Burke, Ludwig von Mises, Friedrich A. von Hayek und auch Ludwig Erhard gekommen.

Dieses Buch ist Roland Baader gewidmet. Es hat keine andere Aufgabe, als dem Leser einen Kompass an die Hand zu geben, der es ihm ermöglicht, wichtige wirtschaftliche und gesellschaftspolitische Entwicklungen zu verstehen.

Die Lektüre vermittelt sozusagen das intellektuelle Rüstzeug für die sich zuspitzenden Probleme und den entsprechenden Auseinandersetzungen auf der ökonomischen und gesellschaftspolitischen Ebene. Das Böse darf nicht deshalb triumphieren, weil gute Menschen nichts unternehmen – so sinngemäß Edmund Burke, den Roland Baader besonders schätzte.

Der Text ist in seinem Umfang bewusst beschränkt gehalten, um dem Leser eine höchstmögliche Leseeffizienz zu ermöglichen. Er wird so der Mühe enthoben, sich die jeweils wichtigsten Fakten aus den verschiedenen und teilweise längeren Textquellen selber heraussuchen zu müssen. Es handelt sich also nicht um eine wissenschaftliche Abhandlung. Die im Laufe der Zeit notierten Texte sind ein persönliches Aide-mémoire. Deshalb wird auch auf ein umfangreiches wissenschaftliches Anmerkungs- und Quellenverzeichnis verzichtet. Dennoch sind alle Quellen verzeichnet.

Die Autoren, im Oktober 2015

Einleitung

Der Liberalismus (lat. liber: frei; liberalis: die Freiheit betreffend, freiheitlich) ist laut *wikipedia* eine Grundhaltung der politischen Philosophie und eine historische sowie aktuelle Bewegung, die eine freiheitliche politische, ökonomische und soziale Ordnung anstrebt. Der Liberalismus ist als Gegenpart zum Kollektivismus aus der „Glorious Revolution“ (der englischen Revolution des 17. Jahrhunderts) entstanden. Hauptziel des Liberalismus ist die Freiheit des Individuums vor allem gegenüber staatlicher Gewalt. Die persönliche Freiheit ist nach liberaler Überzeugung die Grundvoraussetzung einer humanen Gesellschaft, auf die hin der Staat seine politische und wirtschaftliche Ordnung ausrichten sollte.

Der Liberalismus steht im Gegensatz zum totalitären Kollektivismus (Marxismus, Sozialismus, Nationalsozialismus, Faschismus) und gilt in der abendländisch geprägten westlichen Welt als Voraussetzung für eine moderne, pluralistische Demokratie. Der Liberalismus befreite die westliche Welt von alten Lehren, die für die Unfreiheit und rechtliche Ungleichheit der Menschen standen. Beispiele solcher Lehren sind der Feudalismus, weil er den Menschen an einen Lehnsherrn band und der Absolutismus, der politische Macht nur dem König zubilligte. Im Unterschied zum Anarchismus lehnt der Liberalismus den Staat nicht ab, sondern sieht ihn als Garanten für die Freiheits- und Eigentumsrechte.

„Liberalismus“ ist eine Sammelbezeichnung für unterschiedliche politische Einstellungen. Es lassen sich jedoch verschiedene gesellschaftliche Bereiche identifizieren, in denen sich das Gemeinsame, nämlich die Forderung nach individueller Freiheit, konkretisiert. Gemeinsam ist allen Ansätzen die hohe Wertschätzung individueller Freiheit und Selbstverantwortung.

Jeder Mensch soll so leben, wie er es am liebsten möchte, so lange er dabei nicht die Freiheit bzw. die Rechte anderer verletzt.

Laut dem Liberalismus ist die Aufgabe einer Verfassung, die naturgegebenen Rechte der Bürger vor der Allmacht des Staates zu schützen. John Locke (1623 - 1704), einer der wichtigsten Begründer des Liberalismus, publizierte in seinem 1689 veröffentlichtem Werk *Two Treatises of Government* Freiheit, Leben und Eigentum als unveräußerliche Rechte eines jeden Bürgers. Diese Rechte werden als elementare Menschenrechte angesehen. Die liberale Verfassung soll diese Menschenrechte durch Begrenzung der Staatsmacht vor willkürlichen Eingriffen des Staates schützen und hat Vorrang selbst vor demokratisch herbeigeführten Mehrheitsbeschlüssen.

John Stuart Mill formulierte in seinem Werk *On Liberty* das Prinzip, „dass der einzige Grund, aus dem die Menschheit, einzeln oder vereint, sich in die Handlungsfreiheit eines ihrer Mitglieder einzumischen befugt ist: sich selbst zu schützen." Der Schutz der naturgegebenen Rechte erfolgt durch eine Verankerung von Gewaltenteilung in die Verfassung (Verfassungsliberalismus), um Machtkonzentration zu verhindern. Zusätzlich zur horizontalen Gewaltenteilung sollen sich Exekutive, Legislative und Judikative im Gleichgewicht befinden und sich gegenseitig kontrollieren (Checks and Balances), um Machtanhäufung und Machtmissbrauch einer dieser Bereiche zu verhindern. Charles de Montesquieu gilt mit seinem 1748 veröffentlichten Buch *Vom Geist der Gesetze* als Begründer des Prinzips der Gewaltenteilung.

Ursprünglich war „Liberalismus" als Bezeichnung der politischen Bewegung des Liberalismus vorbehalten. Seit Beginn des 20. Jahrhunderts wird die Bezeichnung auch auf wirtschaftspolitische Ansichten und Positionen angewendet, die von der klassischen Nationalökonomie vertreten und letztlich auf Adam Smith (1723 - 1790) zurückgeführt werden. In Abgrenzung zu anderen Richtungen des Liberalismus wird explizit vom Wirtschaftsliberalismus gesprochen.

Grundlagen des Wirtschaftsliberalismus sind – anknüpfend an John Locke – Privateigentum und Vertragsfreiheit. Die Anhänger des Wirtschaftsliberalismus befürworten in der Tradition der klassischen Nationalökonomie grundsätzlich freie Marktwirtschaft und Freihandel. Die Betonung privater Eigentumsrechte wird begründet mit den damit zusammenhängenden Anreizen für eine möglichst effiziente Nutzung von Ressourcen („Ressourcenallokation"), die zur Vermehrung des Allgemeinwohls führt. Anders als die Vertreter des Naturrechts begründen sie das Eigentumsrecht nicht primär mit Gerechtigkeits-, sondern mit Nutzenerwägungen. Bekannte Vertreter dieser Form des utilitaristischen Wirtschaftsliberalismus waren Ludwig von Mises, Friedrich A. von Hayek, James Buchanan und Milton Friedman.

Adam Smith (1723 - 1790) führt den *Wohlstand der Nationen* in seinem gleichnamigen Werk auf das Konzept der unsichtbaren Hand zurück, wonach das eigennützige Streben der Menschen zum Wohl der gesamten Gesellschaft beiträgt. Deshalb ist der freie Leistungswettbewerb in der Marktwirtschaft das einzige effiziente Steuerungsinstrument der Wirtschaft. Zudem ist er ethisch-moralisch begründet, weil er als das mächtigste Machtzerschlagungsinstrument überhaupt fungiert: An die Stelle der Macht des Menschen über andere Menschen tritt eine dezentrale, unpersönliche Systemintelligenz, nämlich der anonyme Wettbewerb der Anbieter um die Gunst der Konsumenten. „Macht", Reichtum und Ansehen kann nur derjenige erlangen, der den Verbrauchern am besten dient.

Der klassische Liberalismus ist entstanden im Kampf gegen den absolutistischen Staat, gegen die mächtigen Zünfte und Innungen. Der klassische Liberalismus befasst sich mit den Aufgaben des Staates und vor allem mit der Beschränkung seiner Macht. Die Demokratie befasst sich mit der Frage, wer den Staat lenken soll. Das demokratische Prinzip als solches (Mehrheitsprinzip) garantiert alleine keineswegs Freiheit und Rechtsstaatlichkeit.

Deshalb fordert der Liberalismus, alle Macht, auch die der Mehrheit, zu beschränken. Die Mehrheit in einer Demokratie kann zum Beispiel entscheiden, totalitäre Maßnahmen zu ergreifen.

Der Liberalismus ist deshalb in gewissem Sinne unvereinbar mit unbeschränkter Demokratie („die Macht der Zahl über die Vernunft"), genauso wie mit jeder anderen unbeschränkten Macht. Die Verteidigung der Rechte des Individuums – notfalls auch gegen die Mehrheit in der Demokratie – garantiert einzig und allein der Liberalismus. Der Widerstreit zwischen Freiheit und Herrschaft bzw. zwischen Individualismus und Kollektivismus zieht sich durch alle Geschichtsepochen (John Stuart Mill). Im Zentrum des Liberalismus steht explizit das Individuum, ihm ist größtmögliche Freiheit zu gewähren. Der einzelne Bürger soll durch ein Mehr an Freiheit auch entsprechend mehr Selbstverantwortung übernehmen. Die Freiheit Fehlentscheidungen zu treffen und dafür auch die Haftung zu übernehmen, macht erst den mündigen Bürger aus.

Die Demokratie war historisch nicht die Voraussetzung für die Kernelemente der Menschenrechte bzw. des klassischen Liberalismus: Meinungsfreiheit, Rechtsstaatlichkeit und Privateigentum (als Voraussetzung der Selbstverwirklichung und Selbstentfaltung). Denn Meinungsfreiheit, Rechtsstaatlichkeit und garantiertes Privateigentum gab es bereits vor Einführung der Demokratie. Sie war auch nicht etwa das Produkt der französischen Revolution, sondern das Ergebnis der schottischen Aufklärer im Rahmen der „Glorious Revolution" 1688/89.

Die Partei der „Whigs" hatte in der „Glorious Revolution" am erfolgreichsten ihren Widerstand gegen monarchische Willkür durchgesetzt und blieb rund 100 Jahre lang Träger der liberalen politischen Ideen. Die Überzeugungen der „Whigs" kristallisierten sich um die Staatsidee von John Locke, dem Begründer der britischen Form der Aufklärung; später im 18. Jahrhundert um die Werke der schottischen Moralphilosophen David Hume (1711 - 1776) und Adam Ferguson (1723 - 1816) und allen voran: Adam Smith (1723 - 1790). Die Ideale der „Whig-Partei" waren: Meinungsfreiheit, Herrschaft des Gesetzes und Privateigentum.

Hier geht es also um den Kern der Menschenrechte. Das Grundprinzip der Meinungsfreiheit wurde von der „Whig-Partei" nach und nach in den präziseren Formen der Religions-, Gewissens-, Presse-, Rede-, Versammlungs- und Lehrfreiheit konkretisiert. Das Ziel des Grundsatzes der Meinungsfreiheit ist die Beseitigung aller vor der Rechtsordnung geschaffenen Privilegien (rule of law), d. h. die formelle Gleichheit vor dem Gesetz und zugleich die allgemeine Verminderung von Macht, die Menschen über Menschen ausüben. Großbritannien war liberal, lange bevor es demokratisch wurde. Schon im 17. Jahrhundert galt dort die Habeas-Corpus-Akte, die den einzelnen Menschen vor Willkür schützte. Auch die Zensur von Zeitungen war dort bereits abgeschafft.

Die Ansicht, dass jeder Mensch eine einzelne Persönlichkeit darstellt und über sich selbst zu bestimmen hat, ist letztlich christlichen Ursprungs (siehe nachfolgenden Gliederungspunkt). Der französische Historiker Pierre Chaunu (1923 - 2009) wies darauf hin, dass die Freiheit nicht 1789 geboren worden sei und dass auch Gleichheit und Brüderlichkeit nicht die Tugenden der französischen Revolution, sondern des Christentums seien.

Der Liberalismus hat zwar einige Wurzeln in der Antike und in der italienischen Renaissance, aber seine eigentliche Wurzel liegt im England des 17. Jahrhunderts. Historische Vorläufer waren aber auch die Mönche von Salamanca ... Ab 1504 herrschten in Spanien die Habsburger. An der Universität von Salamanca wirkten im 16. Jahrhundert Spätscholastiker, die viele Grundelemente des Liberalismus, speziell der so genannten „Österreichischen Schule der Nationalökonomie" (als Grundlage des Wirtschaftsliberalismus) bereits vorwegnahmen. So erkannte Diego de Covarrubias, dass „der Wert einer Sache nicht von ihrer objektiven Natur, sondern ... von der subjektiven Wertschätzung abhängt."

Luis Savaria de la Calle hielt fest, dass sich der „Preis aus dem Überfluss oder Mangel der Ware, der Händler und des Geldes ergibt und nicht aufgrund der Kosten, Arbeit und Gefahren."

Nebenbei bemerkt, war damit bereits die spätere Arbeitswertlehre von Karl Marx glänzend widerlegt. Jerónimo Castillo de Bobadilla schrieb: „Die Preise werden bei Überfluss, Wetteifer und Konkurrenz der Verkäufer sinken." Und Juan de Mariana konstatierte, dass „nichts mehr den Menschen zum Handel anregt wie der persönliche Vorteil." Domingo de Banez wusste, „dass die Felder, die Allgemeingut sind, nicht auf effiziente Art und Weise bearbeitet werden."

Friedrich A. von Hayek (1899 - 1992), der Wirtschaftsnobelpreisträger von 1974, lobte die „Schule von Salamanca" launig: spanische Mönche (Jesuiten) hätten den Wirtschaftsliberalismus begründet – noch vor den schottischen Calvinisten (Aufklärern). „Die heute im Wohlfahrtsstaat praktizierte Form der Demokratie ist zunehmend ein Synonym für den Prozess des Stimmenkaufs und für das Schmieren und Belohnen von unlauteren Sonderinteressen, ein Auktionssystem, in dem alle paar Jahre die Macht der Gesetzgebung denen anvertraut wird, die ihren Gefolgsleuten die größten Sonderinteressen versprechen, ein durch Erpressungs- und Korruptionssystem der Politik hervorgebrachtes System mit einer alleinigen allmächtigen Versammlung, mit dem Wortfetisch Demokratie belegt." (Friedrich A. von Hayek)

Die Essenz der Freiheit ist arbeitsteiliges Wirtschaften in der spontanen Ordnung des Marktes. Und das ist nur in einer freien Wirtschaftsordnung möglich, wo man den Menschen nicht alles vorschreiben will, was sie zu tun und zu lassen haben, und das heißt: wo auch politische und individuelle Freiheit erhalten bleiben.

Die Gegner des klassischen Liberalismus und der „Österreichischen Schule der Nationalökonomie", die Sozialisten, sind letztlich nur Scharlatane einer unverstandenen Wirklichkeit. Gerade das 20. Jahrhundert hat eines ganz deutlich gezeigt: Wenn die Menschen nicht begreifen, dass Freiheit nur auf dem Fundament einer freien Marktwirtschaft errichtet werden kann, werden sie dort landen, wo sie begonnen haben: in Not und Knechtschaft.

Die aktuelle Schulden-, Finanz- und Eurokrise zeigt, dass die Völker offensichtlich nicht aus der Geschichte lernen. Während sich die Deutschen mit dem Gespenst der Vergangenheit herumschlagen, vollziehen die Alchemisten der EZB, die EU-Elitefunktionäre, die Lobbyisten der Finanzindustrie und die auf ihr Fortkommen bedachten Politiker, Medienschaffenden und Manager eine demokratisch nicht legitimierte Neuordnung Europas zu einem Zentralverwaltungswirtschaftsblock („EUdSSR").

Die Staatskrise spielt sich als eine Revolution von oben ab. Das System, das sich von der EZB-Spitze ausbreitet, ist erfolgreicher als eine Revolution mit anschließendem Sozialismus, denn für den Bürger ist das zunächst gar nicht bemerkbar, solange er ausreichend Geld von seiner Bank bekommt. Die Veränderung der gesellschaftlichen Ordnung bemerkt er auch lange nicht. Für Unternehmen gilt das genauso wie für den einzelnen Bürger.

Wenige Profiteure, wie z.B. international jonglierende Großkonzerne, „eiskalte" Banker, Superreiche sowie „opportunistische und (semi)kriminelle Politiker" (Christian Wolf) und ihre machtloyalen Claqueure in den Medien bringen zynisch die Mega-Lüge „Die Deutschen profitieren besonders vom Euro" unters Volk, obwohl die Reallöhne in Deutschland seit Einführung des Euro erstmals nach dem Zweiten Weltkrieg nachhaltig sinken (trotz Export-Rekord-Überschuss!) und der von der Industrie fortwährend erzielte Produktivitätsfortschritt nicht mehr in Form einer „Sozialdividende" (Karl Schiller) an das Volk ausgeschüttet wird, sondern in den EU-Sozialhaushalten und den Target-Salden regelrecht verdampft. Obendrein hat Deutschland heute einen Rekord-Schuldenstand – trotz Rekord-Steuereinnehmen.

Die deutschen Renten sind – gemessen am letzten Arbeitseinkommen (von Irland abgesehen) die niedrigsten der Eurozone und bei niedrigem Arbeitseinkommen sogar die niedrigsten. Obendrein sinkt das deutsche Netto-Rentenniveau (ohne Berücksichtigung der weiter reduzierenden Besteuerungseinflüsse des Alterseinkünftegesetzes) von 57,4 Prozent im Jahr 1985 schrittweise bis auf 43 Prozent in 2030. Das Netto-Vermögen der Masse der deutschen Haushalte ist niedriger als in jedem anderen Euroland. Der Anteil der armutsgefährdeten Arbeitnehmer liegt in Deutschland bei rund acht Prozent, in Finnland bei nur zwei Prozent und in den Niederlanden bei drei Prozent. Trotzdem soll der Zusammenbruch der Gemeinschaftswährung vornehmlich mit fantastischen Milliardenbeträgen aus Deutschland weiter hinausgezögert werden.

Der Sozialdemokrat Romano Prodi, früherer Präsident der Europäischen Kommission, hat im Klartext festgestellt: „Jeder weiß doch, dass Griechenland seine Schulden niemals zurückzahlen wird.“ Doch der deutsche Finanzminister scheint es nicht zu wissen, er glaubt weiter an den „Endsieg“ vom Euro und schwadroniert von der „Schicksalsgemeinschaft Europa“. Dabei reicht schon ein Funken gesunder Menschenverstand, um zu erkennen, dass der Euro aufgrund seiner eklatanten Fehlkonstruktion zwangsläufig nur Streit und Zwist zwischen den Nationen provoziert.

Das ist wahrlich nicht das Europa, das sich die Gründerväter vorgestellt haben.

Die Mehrheit der Bürger will nicht für Bankinteressen und unsolide Regierungen (Griechenland) bluten und sie fürchten zu Recht, dass Schuldenmacherei und Gelddruckerei am Ende das Geld entwertet (Inflation) und/oder die Wirtschaft erdrosselt (Deflation). Immer mehr Leute fragen sich, ob die Finanzeliten nicht längst hinter ihrem Rücken eine Währungsreform planen?

Die heutigen Regierungen betreiben nur noch das schmutzige Geschäft der Wählerbestechung, so dass das Wachstum der Sozialausgaben das Wirtschaftswachstum übersteigt. Die politische Klasse denkt nur noch das, was die Masse denkt, die nicht denkt. Man muss es als „politische Pathologie" bezeichnen. Das Ergebnis sind schamlose Schuldenmacherei, öde Gleichmacherei, der Verlust christlich-bürgerlicher Werte, Wohlstands-Atheismus, allgemeine Abzocke-Mentalität, Geldwertschwund, wirtschaftliche Stagflation und letztlich der wirtschaftliche und moralische Zusammenbruch unserer nihilistischen Wohlfahrtsgesellschaft.

Es gibt unleugbar einen flächendeckenden Niedergang der wissenschaftlichen und moralischen Standards, eine anmaßende Herrschaft ideologisch bornierter Politiker und den typisch halbgebildeten Besserwissern in den Medien. Während unqualifizierte Migrantenströme und demokratisch nicht legitimierte Milliarden-Transfersummen zur Rettung des Euro die ökonomische wie die soziale Struktur des Landes belasten, handelt die Politik nach dem Motto: Nach uns die Sintflut! Die Massenmedien sekundieren der Politik unter dem gemeinsamen Dach der „political correctness", indem sie andere Meinungen konsequent tabuisieren oder als „Stammtischgeschwätz" verunglimpfen. Wo allabendlich „mainstreamiger Gesinnungsklamauk" auf lachsüchtiges Publikum tritt, ist keine gehaltvolle Diskussion mehr möglich.

Von der Demokratie über den überschuldeten Wohlfahrtsstaat in die Ochlokratie – so kann man es in unke beschreiben.

„Der Staat muss untergehen, früh oder spät, wo Mehrheit siegt und Unverstand entscheidet." (Friedrich Schiller, Demetrius)

Platon oder Aristoteles?

Das fragile Gleichgewicht zwischen Freiheit und Gleichheit

Die Ideen und Gedanken der Philosophen haben die Welt nicht weniger verändert als die Technik. Philosophen haben sich nicht nur mit der Frage beschäftigt, was die Welt im Innersten zusammenhält, oder wie man zu persönlichem Glück gelangt, sondern zu allen Zeiten war auch das Problem, wie Menschen am besten zusammenleben können, ein wichtiges Themengebiet für sie. So haben sich die Philosophen intensiv mit dem Staatswesen, der Politik und der Wirtschaft beschäftigt. Zwei prinzipielle Denkrichtungen sind dabei in der westlichen Philosophie deutlich zu erkennen, die sich stark voneinander unterscheiden und die bis in die heutige Zeit hinein wirken. Sie lassen sich mit den Stichworten Freiheit und Gleichheit grob charakterisieren und ihre Wurzeln reichen zurück bis in die Antike. Zum ersten Mal erkennbar werden die beiden verschiedenen Denkrichtungen im konträren Politik- und Staatsverständnis von Platon und Aristoteles.

Die Unterschiede in der Denkweise der Platoniker und Aristoteliker sind über die Jahrhunderte hin bestehen geblieben. Das begann bei den Kirchvätern und in der Scholastik, mit Augustinus als Anhänger Platons und Thomas von Aquin als ausgesprochenen Aristoteliker. Vor allem im Zeitalter der Aufklärung zeigt sich, dass die deutsche und europäische Philosophie dem Idealismus Platons den Vorzug gibt, während in der angelsächsischen Welt Aristoteles Priorität genießt.

Für John Locke und andere liberale Denker ist die Freiheit des Individuums der höchste Wert; Privateigentum und ein durch Gewaltenteilung kontrollierter Staat sollen sie garantieren. Diese Vorstellungen haben durch Thomas Jefferson (1743 - 1826), dem 3. US-Präsidenten, auch in der amerikanischen Verfassung ihren Niederschlag gefunden.

In Europa hingegen setzte sich vor allem die idealistische Denkweise von Rousseau (1712 -1778) durch, der von Platon schwärmte und die Freiheit des Individuums einem „Gemeinwillen“ unterordnete. Das Ergebnis war damals zunächst Robespierres blutige Schreckensherrschaft in der Französischen Revolution. In Frankreich wurde schon kurz nach der Revolution die Freiheit der Gleichheit geopfert.

In Europa gewann der Sozialismus, wie ihn Karl Marx als eine Mixtur aus Rousseau und Hegel zusammengebraut hatte, die Oberhand. In Deutschland und Europa hat sich ein Wertekanon herausgebildet, in dem die Werte Gleichheit und Sicherheit dominieren. Diese ideengeschichtliche Spur beginnt bei Platons Staatsutopie und führt über absolutistische Strukturen und deren Auflösung durch Rousseau hin zu den Ideologien von Marxismus und Faschismus und endet in der „Frankfurter Schule“ von Adorno und Marcuse und den „68ern“. Hier gilt der Ausspruch von Lord Acton (1834 - 1902): „Wenige Enthüllungen sind peinlicher als die über den Ursprung geistiger Strömungen.“ Aber selbst der offensichtliche philosophische Unsinn dieser kollektivistischen Grundanschauungen war kein Hindernis für deren Erfolg.

Die Verfassungswirklichkeit in den Vereinigten Staaten beruht hingegen ungebrochen auf den Idealen, wie sie in der amerikanischen Verfassung und in der Unabhängigkeitserklärung festgeschrieben wurden und wie sie aus den Idealen der englischen Aufklärung, vornehmlich aus der Philosophie von John Locke hervorgegangen sind. Man könnte diese Philosophie auch als Philosophie des gesunden Menschenverstandes bezeichnen ... aus der sich wiederum die Ökonomie des gesunden Menschenverstandes im Sinne der Marktwirtschaft ableitet. Die Wurzeln dieser Philosophie lassen sich bis zu Aristoteles zurückverfolgen. Ihr höchster Wert ist die persönliche Freiheit jedes einzelnen Menschen. Das demokratische Bewusstsein des klassischen Liberalismus umschließt beides: individuelle Freiheit als höchstes Gut und Gleichheit; Gleichheit allerdings in Form von Gleichheit der Chancen und nicht als Gleichheit des Lebens.

Die beiden unterschiedlichen Denkrichtungen in der westlichen Welt sind demnach durch den Antagonismus von Freiheit und Gleichheit charakterisiert und das entspricht im politischen Sprachgebrauch in etwa dem Unterschied von „rechts“ und „links“. Die Störung des Gleichgewichts zwischen Individuum und Kollektiv zugunsten des Kollektivs beruht auf einer geistig-moralischen Krisis der Gesellschaft. Das hatten bereits Benjamin Constant (1767 - 1830) und Alexis de Tocqueville (1805 - 1859) erkannt, die beide als Klassiker des Liberalismus gelten.

Es waren ursprünglich christliche Märtyrer gewesen, denen die Menschen die moderne Freiheit verdanken. Dank ihrer Unbeugsamkeit wurde der spätrömische Despotismus im Namen der christlichen Universalreligion gebrochen und das Eigenrecht der Einzelperson, das die moderne Freiheit kennzeichnet, erkämpft.

Religiöse Überzeugungen sind natürlich nur dann ein Gegengewicht gegen das Unterwerfung fordernde Staats-Kollektiv und ein Anker der Freiheit, wenn sie nicht zur Uniformierung der Gesinnung durch äußere kirchliche Herrschaft führen und wenn sie nicht in einer Staatsreligion wurzeln und so nicht selbst zum Instrument der Unterwerfung und des Konformismus werden.

Der italienische Soziologe Gaetano Mosca, der die von Locke und von Montesquieu über David Hume, Edmund Burke, Wilhelm von Humboldt, Benjamin Constant, Pierre-Paul Royer-Collard, Alexis de Tocqueville, John Stuart Mill und Lord Acton zu verfolgende Linie des liberalen Denkens fortsetzt und zusammen mit Benedetto Croce und Guglielmo Ferrero ein Triumvirat des italienischen Liberalismus bildet, hat den Satz aufgestellt, dass die Trennung von weltlicher und geistlicher Herrschaft die wesentlichste Vorbedingung für das Gleichgewicht der gesellschaftlichen Kräfte sei, die allein den Rechtsschutz des Individuums gegenüber der Kollektivität gewährleiste.

Man kann die Wahrheit dieses Satzes an dem Schicksal solcher Zivilisationen verfolgen, die eine Theologisierung des Staates entwickelt haben, die jedes freie individuelle Leben erdrückt.

Dies gilt zum Beispiel für die indische Zivilisation, die nach ihrer anfänglichen Blüte in eine schauerliche Erstarrung verfiel, nachdem der Brahmanismus sich durchgesetzt hatte, oder die mohammedanische Zivilisation, deren rätselvolle Versteinerung nach den glänzenden Anfängen der arabischen Kultur man nicht verstehen kann, wenn man nicht beachtet, dass die relative Liberalität der arabischen Reiche vom eifervollen und intoleranten „Caesaro-Papismus" (Wilhelm Röpke) der Sultane abgelöst worden ist, ungefähr zur selben Zeit, als im christlichen Abendland der umgekehrte Vorgang begann.

Die Beispiele der Verschmelzung des politischen und des theologischen Systems zeigen jene Ausnahmestellung der christlichen Zivilisation, ohne die die abendländische Geschichte einen radikal anderen Verlauf genommen hätte. Zu einer festen und dauerhaften Verschmelzung ist es hier nicht gekommen. Nicht nur deshalb, weil die Bibel im Gegensatz zum Koran glücklicherweise nur wenige direkt anwendbare politische Vorgaben enthält, und nicht nur, weil der Zölibat der katholischen Kirche das Entstehen einer erblichen Priesterkaste verhindert hat, sondern vor allem wegen der Rivalität zwischen der westlichen Kirche und der weltlichen Gewalt, im Gegensatz zur östlichen Kirche, die in Byzanz wie in Russland mit der weltlichen Macht zu einer erstarrenden weltlich-religiösen Despotie verwuchs.

So konnte im Abendland aus der „Potenz der Religion", die zur stärksten Übersteigerung der Staatsmacht führen kann, ein ständiges Gegengewicht des Staates entstehen ... ohne das die europäische Freiheitsidee nicht möglich gewesen wäre. Diese entscheidende Wirkung liegt allerdings nicht nur in diesem historischen Glücksfall begründet. Die letzte und tiefste Ursache ist vielmehr die christliche Lehre selbst, die im Gegensatz zur

Gesellschaftsauffassung der heidnischen Antike den einzelnen Menschen mit seiner unsterblichen Seele in den Mittelpunkt rückt.

Vor dem Staat gibt es jetzt die Einzelperson und über dem Staat den universalen Gott. Die revolutionäre Tat des Christentums bestand laut G. Ferrero darin, das es den „esprit pharaonique de l´Etat ancien“ zertrümmert hat.

Das Hauptgewicht gegen Staatsmacht und Kollektivismus ist in jedem Falle die wirtschaftliche Unabhängigkeit des einzelnen Bürgers. Wo gäbe es im kollektivistischen Staat, in dem jeder Mensch in seiner nackten Existenz von der Obrigkeit abhängig ist, noch wirklich freie Menschen? Der utopische Idealismus im Sinne Platons führt zwangsläufig zum Kollektivismus. Im entwürdigenden Kampf aller gegen alle um die staatlichen Zuteilungen vom Sozialkuchen stützt der Kollektivismus Charakterlosigkeit, krumme Rücken, Kriechertum, Rücksichtslosigkeit und Bürokratismus.

Dass schon der Niedergang der hellenistischen Welt nicht zuletzt in einem erstarrenden wirtschaftlichen Kollektivismus seine Ursache gehabt hat und dass das insbesondere vom Ägypter-Reich der Ptolemäer gilt, wo eine ausgebildete Zentralplanwirtschaft geherrscht zu haben scheint, ist von M. Rostovtzeff beschrieben worden. Auch das römische Kaiserreich hatte sich zum bürokratischen Staats-Leviathan entwickelt und ist an der dadurch verursachten Vernichtung der Individualität und Spontaneität letztlich zugrunde gegangen. Am Ende des zweiten Jahrhunderts nach Christus war die Gemeindeselbstverwaltung nahezu überall erloschen. Das Netz einer gigantischen und alles umfassenden Bürokratie war über das ganze Reich gewuchert.

In Verbindung mit den ständigen Kriegszügen und der Überdehnung der äußeren Grenzen (auch das ist ganz typisch für kollektivistische Staatssysteme) war das Schicksal dann irgendwann endgültig besiegelt. Darüber hinaus zeigt nicht nur das Beispiel des Römischen Reiches, sondern die gesamte Geschichte vergangener Reiche und Hochkulturen, dass lange vor dem äußeren Zusammenbruch der innere Verfall einsetzt.

Es bleibt festzuhalten, dass Liberalismus und Kollektivismus (Marxismus/Sozialismus) laut Alexis de Tocqueville nichts miteinander gemein haben – außer dem Wort Gleichheit: Während jedoch Liberalismus Gleichheit in Freiheit sucht, sucht der Sozialismus Gleichheit in der Beschränkung und Knechtung.

Ganze Welten liegen laut Friedrich A. von Hayek zwischen der gleichen Behandlung aller Menschen und dem Versuch, sie gleich zu machen. Das erste ist die Grundlage für eine freie Gesellschaft, die zweite bedeutet eine neue Form der Knechtschaft.

Was der Individualismus im Sinne der persönlichen Freiheit lehrt, ist, dass die Gesellschaft nur solange etwas Größeres ist als der einzelne Mensch, als sie eben frei ist. Wenn sie unter Lenkung und somit Gewalt abgleitet, wird sie zwangsläufig auf die Maße der Kraft des Einzelverstandes reduziert, der sie lenkt bzw. beherrscht. Denn Völker befinden sich unerwartet im Besitz von Einrichtungen und Institutionen, die zwar das Resultat menschlichen Handelns sind, aber nicht das Ergebnis menschlicher Absicht. Die spontane Zusammenarbeit freier Menschen bringt Dinge hervor, die größer sind als es der einzelne Menschenverstand jemals erfassen kann (Friedrich A. von Hayek). „Die Anmaßung von Wissen“, wie sie dem kollektivistischen Staatsidealismus Platons („Politeia“) zugrunde liegt, reduziert hingegen Staat und Gesellschaft auf eine niedrige Stufe der Zivilisation, weil Fortschritt und Entwicklung zwangsläufig und zwangsweise unterdrückt werden. Laut Platon darf sich der Einzelne nicht individualistisch oder gar egoistisch „ausleben“, sondern er muss sich als Glied der Gemeinschaft fühlen und in ihrem Dienst sich betätigen. Platon setzt fatalerweise Individualismus mit Egoismus gleich und argumentiert so für den Kollektivismus. Sein Hass gegen das Individuum und seine Freiheit werde allerdings ständig als menschlich, selbstlos und christlich idealisiert (Karl R. Popper).

Perikles sah das anders. Für ihn war Individualismus in Verbindung mit Altruismus ein hohes Ziel und in dieser Form ist der Individualismus laut Popper auch „die Grundlage unserer abendländischen Zivilisation geworden“. Die krassen Einseitigkeiten seines Konzeptes hat Platon wohl im Laufe der Jahre auch selbst eingesehen, denn in seinem Alterswerk, den „Nomoi“ (Gesetze), ist vieles gemildert und lebensnäher gefasst. Doch „wir müssen der Tatsache in die Auge schauen, dass die individuelle Freiheit mit einer völligen Befriedigung unseres Sinnes für verteilende Gerechtigkeit nicht vereinbar ist“, heißt es bei Hayek. Im modernen, ständig umverteilenden Wohlfahrtsstaat mit seiner Gleichmacherei und Schuldenmacherei verliert der Bürger Schritt für Schritt seine Freiheit.

In seinem wohl eindrücklichsten Buch *Kreide für den Wolf* schreibt Roland Baader: „Merkt ihr denn nicht, wie hier in Euren Brieftaschen und Konten, in Eurem Arbeits- und Privatleben, in Euren Familien und Partnerbeziehungen, in Eurem ganzen Leben beliebig herumgestochert wird? Fällt Euch denn gar nicht mehr auf, wie die Parameter Eurer gesamten beruflichen und privaten Existenz auf den Funktionärs-Schachbrettern hin- und hergeschoben werden, und dass ihr nur noch Spielmaterial für die Machtlaunen und Profilierungssüchte von Kindergarten-Imperatoren seid? Wie abgestumpft, infantil, entmündigt und verdeppt seid ihr denn inzwischen in Eurem Wurmdasein, um das alles als normale Politik zu fressen?“ Bei Ortega y Gasset heißt es: „Das ist die größte Gefahr, die heute die Zivilisation bedroht; die Verstaatlichung des Lebens, die Einmischung des Staates in alles.“

Nach Hannah Arendt befassen wir uns mit Geschichte, um urteilsfähig zu bleiben. Eines lehrt die deutsche Geschichte: Freiheit ist nichts Selbstverständliches und ohne Freiheit ist alles nichts.

Quellen:

Roland Baader: Kreide für den Wolf: Böblingen 1992, S. 306

Christoph Braunschweig: Wohlfahrtsstaat – leb wohl!, Münster/Berlin, 2013

Horst Poller: Die Philosophen und ihre Kerngedanken, München 2011

Klassischer Liberalismus und Marktwirtschaft

Der Liberalismus betrachtet hingegen den Staat als dienendes Mittel zum Besten der Bürger. Der idealistische kollektivistische Ansatz erzeugt leicht Intoleranz, Rücksichtslosigkeit, Tyrannei. Die liberale Auffassung bedingt Toleranz, Rücksichtnahme und Kompromiss.

Die Menschenrechte sind – wie bereits erwähnt – also entgegen aller Schulbuchweisheit keine Erfindung der Französischen Revolution, sondern christlichen Ursprungs, erstmals formuliert von den Theologen der Spätscholastik. Das zentrale Anliegen der scholastischen Philosophie, die mit ihrer Früh-, Hoch- und Spätscholastik das 9. bis 15. Jahrhundert umfasste, war es zunächst, durch die Vernunft zu einem tieferen Verständnis des Glaubens zu gelangen. Mit der Trennung von Glauben und Wissen trennte die Spätscholastik dann im 15. Jahrhundert auch die Theologie von der Philosophie und den Naturwissenschaften. Diese Periode markierte den Übergang vom Mittelalter in die Neuzeit.

Prägend für diese Übergangsphase war der radikale Empirismus, der sich in den Werken von Wilhelm von Ockham (um 1288 - 1347) findet. Ockham war weitgehend antimetaphysisch eingestellt. Eine allgemeine Ontologie, wie sie sich bei Platon, Aristoteles und ihren Nachfolgern findet, hielt er für gänzlich unmöglich. Die Theologie war für ihn eine Sache des Glaubens. Die Existenz Gottes könne durch keinen logischen Beweis begründet werden. Gott könne weder durch Sinneserfahrung, noch durch die Werkzeuge der Vernunft erkannt werden. In diesem Sinne war er ein Skeptiker, aber kein Ungläubiger. Durch die Abgrenzung des Bereiches der Vernunft und die Befreiung der Logik von den metaphysischen und theologischen Hindernissen tat er viel für die Förderung neuer Anstrengungen in der wissenschaftlichen Untersuchung.

Das weitverbreitete Missverständnis über die Wirkungen der Französischen Revolution von 1789 als angebliche Geburtsstunde der bürgerlichen Freiheit hält sich merkwürdigerweise bis heute. Beileibe nicht nur historische Laien und fast sämtliche Schulbücher betrachten die Französische Revolution fälschlicherweise als eine Art „Sturzgeburt“ (Roland Baader) der bürgerlichen Freiheit aus dem Schoß feudalistischer Gewaltherrschaft.

Roland Baader weist in seinem Buch *Kreide für den Wolf* zu Recht darauf hin, dass nichts falscher ist als diese Ansicht.

Im Rahmen der zehnjährigen Gewaltdiktatur (Horst Gebhard: „Liberté, Egalité, Brutalité“) fielen dem Terrorregime der „Menschheitsbeglücker“ rund um Robespierre, Saint-Just und Danton über 40.000 Menschen zum Opfer: durch Enthauptung, Ertränken, Erschießung, Folter und Lynchjustiz. Dazu kommen die 100.000 Toten der katholischen Vendée, ein Rachefeldzug, der von französischen Historikern längst als Völkermord bezeichnet wird. Roland Baader spricht von der „verlogenen Gloriole“ der Revolution von 1789 und bezeichnet sie als „luziferische Revolution“. In Wahrheit war sie eine Randale des Pöbels, mit einem sich anschließenden Massengemetzel, dem ersten Völkermord der neueren abendländischen Geschichte. Der heldenhafte Sturm auf die Bastille war in Wirklichkeit das Zusammenrotten eines Pöbelhaufens, der gegen den minimalen Widerstand einer Handvoll Wachen ein paar geistesgestörte Menschen und einige Betrüger aus dem Gefängnis befreite. Die Bilanz der Französischen Revolution sind ungezählte Tote, ein ruiniertes Land, eine geminderte Fruchtbarkeit, kurzum: der Anfang eines dauerhaften Niedergangs.

Die Revolution hinderte Frankreich daran, ohne Bruch in das Zeitalter der Industrialisierung und der Demokratie einzutreten. Die Revolution war zur Hypothek für Frankreichs Zukunft geworden. Die Verfolgung der Priester, die Verwüstung der Gotteshäuser, die Enteignung und Verschleuderung des Kirchenbesitzes hatten ein seit dem Mittelalter bestehendes soziales System beseitigt, ohne es zu ersetzen: Es gab keine Schulen, keine Hospitäler, keine Hilfe für die Armen mehr.

Die entscheidenden sozialen, wirtschaftlichen und politischen Entwicklungen, die zur bürgerlich-kapitalistischen Ordnung des 19. Jahrhunderts geführt haben, haben sich in den maßgeblichen Ländern gerade nicht als Revolution vollzogen, sondern als Evolution, als permanenter Prozess. Dieser Prozess hatte schon Jahrzehnte vor dem 14. Juli 1789 begonnen und hat in seiner konsequenten Fortentwicklung außerhalb Frankreichs von den schrecklichen Ereignissen jener Tage kaum Notiz genommen. Die Französische Revolution war laut Roland Baader sinnlos, makaber und widerlich. Sie hat Frankreich wirtschaftlich und moralisch ruiniert. Und die freiheitlich-demokratische Entwicklung in Kontinental-Europa um eine ganze Generation zurückgeworfen (Napoleon!).

Der Aufstieg Englands zur Weltmacht war nicht zuletzt eine Folge der Tatsache, dass das Land nicht durch die Finsternis eines 1789 gehen musste. Die frühesten und bedeutendsten Denker, die mit den Fehlern und Lügen der Französischen Revolution umfassend und glasklar aufgeräumt haben, waren Edmund Burke (1729 - 1797) und Alexis de Tocqueville (1805 - 1859).

Der Ire Edmund Burke hat bereits 1790 in seiner Schrift *Betrachtungen über die Französische Revolution* die Schwächen des Ereignisses so tiefschürfend aufgedeckt, dass er sowohl das Terrorregime Robespierres als auch die nachfolgende Militärdiktatur voraussagen konnte. Die Französische Revolution war letztlich ein Terror der Tugend oder die Tugend des Terrors im Robespierre´schen Sinne. Es hat sich gezeigt, wohin es führt, wenn politische und persönliche Freiheit als identisch betrachtet werden: Was nicht zur Deckung gebracht werden kann – so Robespierre – das muss „weggouillotiniert“ werden. (Nebenbei bemerkt: Jedes Jahr zum französischen Nationalfeiertag erlebt man die Gedenktagspompositäten bestallter Würdenträger mit ihren zahlreichen Notabeln des wortreichen Unsinns.)

Für Karl Marx war bezeichnenderweise der Jakobiner-Terror der angeblich erste historisch-deterministische Fingerzeig zur Herrschaft des Proletariats.

Später scheint die stalinistische Massenvernichtung nur die konsequente Fortsetzung des französischen „Reinigungs-Gemetzels“ (Roland Baader) zu sein; waren doch Lenin, Trotzki und Stalin nur die Erben von Robespierre und Saint-Just. Politische Mythen aber sind totalitäre Entwürfe. Was den Absolutismus überwinden sollte, endete in weit Schrecklicherem: In der Diktatur einer ursurpatorischen Welterlösungs-Idee.

Was für ein Gegensatz zum Liberalismus! Der Liberalismus ist eine freiheitlich ausgerichtete Weltanschauung, die ihre Wurzeln in der Aufklärung hat. Es ist eine offene Weltanschauung, die vor allem die Freiheit des einzelnen Menschen in den Vordergrund stellt und jede Form des geistigen, sozialen, politischen oder staatlichen Zwangs ablehnt. Die vier wichtigsten Grundprinzipien des Liberalismus sind: das Recht auf Selbstbestimmung auf der Grundlage von Vernunft und Einsicht, die Beschränkung und Kontrolle der politischen Macht, Freiheit und Schutz gegenüber dem Staat und die Selbstregulierung der Wirtschaft auf der Grundlage des persönlichen Eigentums.

Der Liberalismus betrachtet die Privateigentumsordnung als Garant der Freiheit und Würde des Menschen. Das Privateigentum bildet (nach einem Wort von Pius XII.) nicht nur „einen Baustein der Gesellschaftsordnung, eine notwendige Voraussetzung für die menschliche Unternehmungslust“, sondern durch eine der stärksten Garantien „für die Freiheit und Würde des Menschen“, so dass „für jede richtige Wirtschafts- und Gesellschaftsordnung das Recht auf Privateigentum als unerschütterliches Fundament feststehen muss.“

In dieser sozialen Ordnungsfunktion des Privateigentums liegt seine gewaltige gesellschaftspolitische Bedeutung. Mit der wirtschaftlichen Unabhängigkeit würde nämlich bald auch die politische, kulturelle und religiöse Freiheit verlorengehen.

„Wer würde nicht einsehen", fragt Friedrich A. von Hayek in seinem Buch *Der Weg zur Knechtschaft* (1945) zu Recht, „dass ein Multimillionär (in den Vereinigten Staaten), der mein Nachbar und vielleicht auch mein Arbeitgeber ist, weit weniger Macht über mich hat als der kleinste Funktionär (in der Sowjetunion), der die Zwangsgewalt des Staates ausübt und von dessen Belieben es abhängt, ob und unter welchen Bedingungen man mir zu leben und zu arbeiten erlaubt?".

Man braucht nur an die drastische Warnung Lenins zu erinnern: „Nieder mit demjenigen, der daran denkt, sich vor der Arbeit zu drücken...! Es lebe die Arbeitsdisziplin, der Arbeitseifer! Wer nicht arbeitet, der soll auch nicht essen – das ist das praktische Gebot des Sozialismus ... An einem Ort wird man ... ein halbes Dutzend Arbeiter, die sich vor der Arbeit drücken, ... ins Gefängnis stecken. An einem anderen Ort wird man die Klosetts reinigen lassen. An einem dritten Ort wird man ihnen nach Abbüßung ihrer Freiheitsstrafe gelbe Pässe aushändigen, damit das ganze Volk sie bis zu ihrer Besserung als schädliche Elemente überwache. An einem vierten Ort wird man einen von zehn, der sich des Müßiggangs schuldig gemacht hat, auf der Stelle erschießen. An einem fünften Ort wird man eine Kombination verschiedener Mittel ersinnen."

Es geht dem Liberalismus explizit auch um den Schutz der Minderheit gegenüber der Mehrheit, was die Demokratie als solche nicht sicherstellt. Mit dem Liberalismus wurden die Emanzipation und die Befreiung von überlieferten Dogmen aus dem Feudalismus und Absolutismus begründet, welche die Unfreiheit (beispielsweise das Gottesgnadentum) rechtfertigen sollten.

Nach Hayek ist es notwendig, das, was als Liberalismus gelte, zunächst einmal von „rationalistischen, nationalistischen und sozialistischen Einflüssen zu befreien." Denn der Konservatismus leide immer daran, „dass er seiner ganzen Natur nach keine Alternative" biete. Er sei insofern oft eine praktische und nützliche Maxime, da er unerwünschte Entwicklungen verlangsamt, doch biete er keine leitenden Grundsätze an und könne daher auch keine andere Richtung weisen. Der Konservative sorge sich besonders darum, dass die Autorität nicht geschwächt werde und habe „nichts gegen Zwang und Willkür einzuwenden, solange diese für Zwecke ausgeübt werden, die ihm die richtigen scheinen." So bleibe der Konservative generell Opportunist, der lediglich eine milde und gemäßigte Version der Vorurteile seiner Zeit habe.

Im Zentrum des Liberalismus steht das Individuum. Jede staatliche Gewalt hat dort zu enden, wo die Freiheit und Unverletzlichkeit des einzelnen Menschen berührt wird. Regierungsgewalt ist darauf beschränkt, den Erhalt von Recht und Freiheit zu sichern. Der einzelne Bürger ist dadurch aufgefordert, entsprechende Verantwortung für sich selbst zu übernehmen. Für Fehler hat man selber einzustehen; Risiko und Haftung gehören zusammen. Staatliche Interventionen sollten generell auf das notwendige Minimum reduziert sein. Individuelle Freiheit, Eigenverantwortung, Herrschaft des Rechts, Privateigentum und Leistungswettbewerb (Marktwirtschaft) sind die Kernelemente des Liberalismus. Der politische Liberalismus bestreitet keineswegs die Notwendigkeit des Staates, vielmehr sollen die Ziele des Liberalismus durch die Institutionen des Rechtsstaates (Grundrechte, Verfassung, Gesetze) und durch staatlich garantierte Rechtssicherheit erreicht werden. Der Schutz der naturgegebenen Rechte des Individuums erfolgt durch eine Verankerung der Gewaltenteilung in der Verfassung, um jegliche Machtkonzentration zu verhindern. Zusätzlich zur horizontalen Gewaltenteilung sollen sich Exekutive, Judikative und Legislative im Gleichgewicht befinden und sich gegenseitig kontrollieren (Checks and Balances), um Machtanhäufung und Machtmissbrauch einer dieser Bereiche auszuschließen.

Der wirtschaftliche Liberalismus betrachtet seit den wegweisenden Arbeiten von Adam Smith das Privateigentum (insbesondere an den Produktionsmitteln), den freien Wettbewerb und den freien Handel als grundlegende Voraussetzungen für die Schaffung von gesellschaftlichem Wohlstand (Massenwohlstand).

Der Liberalismus war im 19. Jahrhundert eine weltweite politische Bewegung des aufstrebenden Bürgertums, die allerdings in Deutschland politisch weitgehend wirkungslos blieb (siehe Gliederungspunkt: der deutsche Anti-Liberalismus). In der so genannten „Deutschen Revolution" von 1848 scheiterte das deutsche Bürgertum endgültig bei dem Versuch, eine politische Führungsrolle zu übernehmen.

Die industrielle Entwicklung in Deutschland und der Ausbau des Wirtschaftsliberalismus fanden auf der Grundlage eines konservativen (obrigkeitsstaatlichen) Staatsverständnisses im Sinne Bismarcks (1815 - 1898) und des Ausbaus eines konservativen (Sozial-)Staates statt. Bismarck vermochte weder damals noch später die Chancen zu erkennen, die die kapitalistische Dynamik in sich barg. Sein Denken und Handeln blieb „friderizianisch geprägt", wie es Johannes Willms treffend beschreibt. Bismarck gelang es, seine bonapartistische Halbdiktatur gegen parlamentarische und liberale Geltungsansprüche abzusichern. Und die so genannte „Neue Ära" nach 1871 wurde zur bloßen Sinnestäuschung der Liberalen.

Ihre Politik des Wohlverhaltens gemäß der Parole „nur nicht drängen", die für die liberale Mehrheit des Preußischen Abgeordnetenhauses gegenüber der Regierung verbindlich war, trug keinerlei Früchte. Nach dem wirtschaftlichen Kriseneinbruch 1873 kristallisierten sich in der öffentlichen Meinung zwei Gruppen heraus, die als Hauptschuldige der Krise identifiziert wurden: bezeichnenderweise waren dies die Verfechter des ökonomischen Liberalismus und die traditionellen Sündenböcke in Zeiten wirtschaftlicher Misere, die Juden. Das wirtschaftsliberale Prinzip wurde schlicht jüdischer Konspiration zugeschrieben. Die Liberalen, die sich fatalerweise ganz mit den durch Bismarck geschaffenen Tatsachen identifizierten, wurden zu den eigentlichen Autoren der „Mai-Gesetze von 1873", die den Kulturkampf in Preußen wie im Reich prägten, mit denen der gesellschaftliche Einfluss der katholischen Kirche marginalisiert werden sollte.

Auch dies stellte sich als schwerer politischer Fehler heraus. Im Prinzip hat Bismarck die Liberalen geschickt für seine eigenen Zwecke missbraucht. Denn Preußen konnte Deutschland nur mit Hilfe der Liberalen und der kleindeutsch gesinnten nationalen Kräfte bekommen. Die Liberalen waren diesem perfiden Machtstrebens Bismarcks zu keinem Zeitpunkt wirklich gewachsen. In der Frage der Heeresreform zeigt sich dies ebenfalls.

In der Weimarer Republik zerfiel der politisch gespaltene Liberalismus weitgehend. Er gewann erst nach dem Zweiten Weltkrieg wieder an Bedeutung, allerdings weniger aus der Größe der (vergleichsweise geringen) Wählerbasis heraus, sondern durch einzelne herausragende Persönlichkeiten, wie z. B. Theodor Heuss, Hans Friedrichs, Otto Graf Lambsdorff. Dabei blieb die innere Spaltung des politischen Liberalismus in Linksliberale und Nationalliberale im Prinzip immer bestehen. Ab der sogenannten sozial-liberalen Koalition 1969 zwischen SPD und FDP standen sich dann Linksliberale und Wirtschaftsliberale gegenüber. Die einzig verbindende Klammer blieb der rein politische Machterhalt.

Im Gegensatz zu den konservativen, katholischen, sozialistischen bzw. sozialdemokratischen Parteien waren liberale Parteien meist lockerer organisiert und konnten weniger auf einem sozialen, milieugeprägten Fundament wie dem katholischen Verbandswesen oder dem arbeitergeprägten Gewerkschaftswesen aufbauen. Und die Einführung des allgemeinen und Verhältniswahlrechts bedeute oftmals eine schlechtere Ausgangslage für die Liberalen.

Während sich der politische Liberalismus in Deutschland kaum mit dem klassischen Liberalismus in Übereinstimmung bringen lässt, gilt dies nicht für die kleine Schar der bekennenden „Wirtschaftsliberalen". Wirtschaftspolitisch wies der Liberalismus nach dem Zweiten Weltkrieg dem Staat die Aufgabe zu, die notwendigen Rahmenbedingungen für einen freien Wettbewerb zu schaffen und durch regulierende Eingriffe in die wirtschaftlichen Prozesse dafür zu sorgen, dass der Wettbewerb aufrechterhalten bleibt.

Diese Variante des Liberalismus wurde vor allem durch die so genannte „Freiburger Schule“ (Walter Eucken, Franz Böhm) des „Ordo-Liberalismus“ entwickelt ... dessen wichtigster politischer Vertreter Ludwig Erhard war. Er gilt – zusammen mit Alfred Müller-Armack – als „Vater der Sozialen Marktwirtschaft“. Das Modell der Marktwirtschaft ist sozusagen klassisch-liberal durchtränkt, weil es einerseits ein einzigartig effizientes Steuerungs- und Koordinationssystem darstellt (optimale Ressourcenallokation durch freien Preismechanismus), andererseits aus sich selbst heraus jegliche Machtzusammenballung durch das Prinzip des Leistungswettbewerbs verhindert. Die Marktwirtschaft ist also sowohl moralisch als auch ökonomisch begründet.

Darin unterscheidet sie sich von der völlig konträren Zentralplanwirtschaft, die aus sich selbst heraus höchst ineffizient wirtschaftet ... und darüber hinaus nur in Form einer „Befehlswirtschaft“ bzw. „Kommandowirtschaft“ (Wilhelm Röpke) funktioniert. Nur das Modell der Marktwirtschaft steht als polit-ökonomisches System mit der menschlichen Natur in Einklang. Sie verlangt im Gegensatz zur kollektiven Alternative nicht den vollkommenen Übermenschen, muss niemanden gewaltsam umerziehen. Kein System setzt die begrenzten Ressourcen effizienter ein als die Marktwirtschaft. Das heißt, sie vermeidet (unmoralische) Verschwendung. Der Wettbewerb als solcher wirkt generell Partikularinteressen entgegen.

Das Freihandelsprinzip ist eine nützliche Form der Nächstenliebe. Der Liberalismus zielt allerdings nicht auf moralische Gesinnung, sondern auf moralische Ergebnisse. Er sieht die Lösung der sozialen Frage weniger in der Division als in der Multiplikation des Sozialprodukts. Je reichlicher die Gesamtversorgung mit wirtschaftlichen Gütern, desto mehr steht für soziale Zwecke zur Verfügung (Stefan Baron). Wolfram Engels hat hinsichtlich Ethik und Moral von Liberalismus und Marktwirtschaft darauf hingewiesen, dass am Anfang der Marktwirtschaft nicht zufällig das Buch eines Philosophen über Ethik stand, nämlich Adam Smiths *Theory of Moral Sentiments*.

Die liberale Gesellschaft ist die erfolgreichste, die es jemals in der Geschichte gab. Ihre ethischen Grundlagen sind die Freiheit des Einzelnen, Anerkennung von Leistung, der Respekt vor dem Eigentum und die Anerkennung des Wettbewerbsprinzips. Das gilt in zweifacher Hinsicht: Konflikte dürfen nur friedlich durch Wettbewerb ausgetragen werden und niemand darf sich dem Wettbewerb entziehen. Das ist bei Produkten genauso wie bei Meinungen oder Erkenntnissen; dem Wettbewerbsprinzip unterliegen nicht nur Unternehmen, sondern auch Kirchen, Parteien oder Forschungsinstitute. Die Liberalen stehen also nicht nur für eine Gesellschaftsordnung von großer Leistungsfähigkeit, sondern auch für deren moralische Grundlage. Jenseits von Angebot und Nachfrage ist die Marktwirtschaft vor allem ein sittlich begründetes Gesamtkonzept (Wilhelm Röpke).

Anders als Marxisten und Sozialisten sind die Vertreter des klassischen Liberalismus immer weit davon entfernt gewesen, ihre eigenen Lehrer „pseudoreligiös zu immunisieren“ (Hans Willgerodt). Der klassisch-liberal gebildete Bürger (im Sinne eines Citoyen) erliegt im Gegensatz zum Kollektivismus nicht der Anmaßung von Wissen, das er als einzelner Mensch nicht hat. Er stützt sich mit seiner dezentralen Systemintelligenz bewusst lediglich auf die unerreichte Effektivität des anonymen Marktprozesses und weiß um seine Wirkung auf Wohlstand und persönliche Freiheit. Dabei akzeptiert er, dass der menschliche Verstand nicht in der Lage ist, den Marktprozess zu verstehen; das menschliche Gehirn kann sich nicht mal selbst erklären. Er weiß aber, dass die von individueller Freiheit geprägte Wettbewerbsgesellschaft Höheres zustande bringt als eine staatliche Institution (Zentralplanungsbehörde) es jemals auch nur ansatzweise könnte.

Mit Hilfe des Preisbildungsprozesses auf freien Märkten wurde nicht nur die Arbeitsteilung möglich, sondern auch eine koordinierte Verwendung der vorhandenen Ressourcen (Allokationsprinzip), die sich auf geteiltes Wissen von Millionen von Einzelindividuen gründet. Ohne Wettbewerb und offene Märkte hat es noch in keinem Land der Welt Demokratie gegeben.

Vermutlich ist es richtig, dass die meisten Leute die von den Massenmedien vorgekaute Meinung schlucken – und dass es ihnen egal ist, ob sie in diese Meinung hineingeboren oder hineingetrieben werden. In jeder Gesellschaft dürfte die Meinungs- und Gedankenfreiheit nur für eine kleine Minderheit von Bedeutung sein. Das heißt aber nicht, dass irgendjemand oder irgendeine Gruppe dazu berufen ist, diejenigen auszuwählen, denen Meinungs- und Gedankenfreiheit vorbehalten bleiben soll. Unter keinen Umständen darf sich irgendeine Gruppe anmaßen, das Denken und den Glauben der Menschen bestimmen zu wollen. Wenn die geistige Freiheit als die wichtigste Triebkraft des geistigen Fortschritts dienen soll, so ist es unerheblich, dass jedermann denken und schreiben kann, was er will, sondern es ist entscheidend, dass irgendeine Sache oder irgendeine Idee von jemandem mit Vernunftgründen verteidigt werden kann. Solange abweichende Meinungen nicht unterdrückt werden, wird es stets Leute geben, die die herrschenden Vorstellungen anzweifeln und neue Vorstellungen und Ideen in Umlauf setzen, die sich im Für und Wider der Gründe bewähren müssen. Dieses Zusammenspiel der Menschen mit verschiedenem Wissen und verschiedenen Meinungen ist das, was das Wesen des geistigen Lebens ausmacht.

Das Wachstum des menschlichen Vernunftwissens ist ein sozialer Prozess, der sich auf solche Verschiedenheiten und Divergenzen gründet. Es liegt in seinem Wesen, dass seine Ergebnisse nicht vorhersehbar sind, dass man nicht weiß, welche Ansichten und Meinungen dieses Wachstum fördern und welche nicht. Den geistigen Wachstumsprozess oder auch den Fortschritt zu planen oder zu organisieren, ist ein Widerspruch in sich. Die Vorstellung, dass der menschliche Geist bewusst seine eigene Entwicklung überwachen und lenken soll, verwechselt die individuelle Vernunft, die allein irgendetwas bewusst überwachen kann, mit dem interpersonellem Prozess, dem ihr Wachstum zu verdanken ist. Wenn man diesen Prozess zu steuern versucht, so hemmt man lediglich seine Entwicklung und es kommt zum geistigen Stillstand und Niedergang.

Es ist die Tragik des kollektivistischen Denkens, dass es versucht, die Vernunft allbeherrschend zu machen, aber damit endet, sie zu vernichten, weil es den Prozess missversteht, von dem das Wachstum des Vernunftwissens abhängt. Man kann dies als das Paradoxon der gesamten kollektivistischen Lehre und ihres Verlangens nach bewusster Planung und Überwachung bezeichnen. Der Individualismus im Sinne des klassischen Liberalismus ist dagegen eher eine Haltung der Demut gegenüber den sozialen Prozessen und der Duldsamkeit gegenüber anderen Meinungen und Vorstellungen. Er ist somit genau das Gegenteil jener intellektuellen Hybris, in der das Verlangen der Sozialisten nach einer umfassenden Lenkung der sozialen Prozesse wurzelt. Liberal ist die Forderung, dass nicht etwas darum für richtig zu gelten hat, weil es staatlich befohlen ist, sondern deshalb, weil Gründe und Argumente sich im öffentlichen Diskurs durchgesetzt haben. Deshalb verkörpert der Liberalismus auch keine geschlossene Weltanschauung, sondern stellt eher eine große „Denkfamilie“ dar, die auch konträre (politische und wirtschaftliche) Vorstellungen und Flügel aufweist. Selbst in der legendären Mont Pèlerin-Gesellschaft, gibt es keine völlige Einigkeit darüber, wie der Liberalismus genau zu definieren ist.

Was letztlich alle Liberale im klassischen Sinne einigt, ist die Ablehnung jeder Form des Kollektivismus bzw. der staatlichen Zentralplanwirtschaft. Sie halten sich an den Ausspruch von Hölderlin: „Immerhin hat das den Staat zur Hölle gemacht, dass ihn der Mensch zu seinem Himmel machen wollte.“ Der Liberale weiß: „Politische Gewalt fängt immer mit Geschenken an“ (Roland Baader). Erbarmungslos werden dann Schritt für Schritt die Bewegungsfreiheiten des Einzelnen mit allen der Bürokratie zu Gebote stehenden gesetzesregulatorischen Instrumentarien beschränkt (Carlos Gebauer).

Zusammenfassend kann gesagt werden: Der klassische Liberalismus des 17. Jahrhunderts war gekennzeichnet durch einen kräftigen Hang zum Freisein. Er löste diejenigen, die sich zu ihm bekannten, aus jeder politischen, religiösen, wirtschaftlichen und geistigen Tyrannei, an der die absterbende Tradition des Mittelalters noch hing.

Ähnlich kämpfte der Liberalismus gegen den blinden Eifer der extremen protestantischen Sekten. Er stritt den Kirchen die Berechtigung ab, in Philosophie und Wissenschaft Gesetzgeber zu sein. Nach dem Wiener Kongress 1815 steckte Europa in dem neufeudalen Sumpf der heiligen Allianz; der frühe Liberalismus aber machte ohne große Rückschläge große Fortschritte. Die Achtung des Individuums blieb stets der Hauptzug liberaler Auffassung. Mit dem Aufkommen der industriellen Gesellschaft im 19. Jahrhundert war der Liberalismus eine starke Kraft für die gesellschaftliche Höherentwicklung der arbeitenden sozialen Klassen. Diese Funktion wurde später fatalerweise von den militanten Kräften der aufkommenden sozialistischen Bewegung übernommen.

Quellen:

Roland Baader: Kreide für den Wolf, Böblingen, 1991

Roland Baader: Freiheitsfunken, Lichtschlag Nr. 17, 2. Auflg., Düsseldorf 2012

Roland Baader: totgedacht - Warum Intellektuelle unsere Welt zerstören, Gräfeling, 2002

Stefan Baron: Verstand und Herz, in: Wirtschaftswoche vom 30.01.1997, S. 3

Christoph Braunschweig: Die demokratische Krankheit, München 2012

Christoph Braunschweig: Wohlfahrtsstaat – leb wohl!, Münster/Berlin 2013

Carlos A. Gebauer: In Freiheitsfunken, ebenda, S. 10

Wolfram Engels: Akzente 1984 - 1995, Düsseldorf 1995

Franz Kromka: Markt und Moral, Lichtschlag Nr. 14, Düsseldorf 2008

Michael von Prollius: Die Pervertierung der Marktwirtschaft, München 2009

Wilhelm Röpke: Civitas Humana, 4. Auflg., Erlenbach-Zürich 1979

Hans Willgerodt: Beiträge zur Politischen Ökonomie, Stuttgart 2011

Die „Österreichische Schule der Nationalökonomie“

Als „Österreichische Schule der Nationalökonomie“ (auch „Wiener Schule“, „Österreichische Grenznutzenschule“ oder „Psychologische Schule“ genannt) wird eine Gruppe von Wirtschaftswissenschaftlern bezeichnet, die eine bestimmte Lehrmeinung in der Volkswirtschaftslehre vertreten, die dem Grundgedanken des klassischen Liberalismus nahesteht. Die „Österreichische Schule“ erstrebt, ausgehend von der subjektiven Wertlehre, das Ziel, alle wirtschaftlichen Erscheinungen in einer geschlossenen Kausalkette auf entsprechende Vorgänge im Innersten der Menschen zurückzuführen. Ihre Methode wird deshalb als kausalgenetische Methode bezeichnet, weil sie letztlich auf psychologische Tatbestände hinführt. Sie bedient sich (wie die Klassik) des Verfahrens der isolierenden Abstraktion und bevorzugt verbale Darstellungen.

Ausgangspunkt ist der subjektive Wertbegriff: Der Wert eines Gutes beruht auf seiner Nützlichkeit, aber nicht nur auf seiner Nützlichkeit. Die Wertschätzung richtet sich nach der Intensität der Bedürfnisse, die mit zunehmendem Gütervorrat abnimmt. Damit ist neben der Nützlichkeit entscheidend für den Wert die mengenmäßige Größe des Gütervorrates. Beide Merkmale sind mit dem Begriff „Grenznutzen“ verbunden. Dadurch gelingt die Erklärung der seit den Klassikern der Nationalökonomie ungelösten „Wertantinomie“ zwischen Gebrauchswert und Tauschwert.

Mit der psychologischen Zergliederung der menschlichen Bedürfnisse und Genüsse, des kontinuierlichen Sättigungsprozesses und der Teilquantitäten der Güter, die nacheinander zur Befriedigung dieser Bedürfnisse herangezogen werden, war das Paradoxon gelöst, dass selbst lebenswichtige Güter nur geringen Wert und Preis haben, wenn sie in großer Menge vorhanden sind, während objektiv unwichtige Güter („Seltenheitsgüter“) hohe Preise erzielen können.

Die Lehre basiert auf den psychologischen Gesetzen von Heinrich Hermann Gossen (1810 -1858), die erst nach seinem Tod von William Stanley Jevons (1835 - 1882) wiederentdeckt wurden. Aus diesen Grenznutzenüberlegungen wurde die Preisbildung abgeleitet – als Resultante der verschiedenen subjektiven Wertschätzungen von Anbietern und Nachfragern.

Konkret bezeichnet man als „Gossensche Gesetze“ zwei volkswirtschaftliche Regeln, die auf der Annahme beruhen, dass individuelle Präferenzen in Form von Nutzen quantifizierbar sind. Demnach kann der Grad der Bedürfnisbefriedigung eines Individuums ein Wert zugewiesen werden, der in Nutzeneinheiten berechnet und ggf. mit verschiedenen Nutzeneinheiten verrechnet werden kann.

Das 1. Gossensche Gesetz (auch „Gesetz vom abnehmenden Grenznutzen“ oder „Sättigungsgesetz“ genannt) besagt, dass der Konsum eines Gutes mit zunehmender Menge einen immer kleineren Zusatznutzen (= Grenznutzen) stiftet. Diese Regel greift somit unter der Annahme kardinal messbaren Nutzens die Hypothese auf, dass zum Beispiel bei einem Hungergefühl die erste Scheibe Brot mehr Nutzen stiftet als die zweite, die zweite mehr als die dritte, die dritte mehr als die vierte und so weiter.

Beim 2. Gossenschen Gesetz (auch „Gesetz vom Ausgleich der gewogenen Grenznutzen“ oder „Genussausgleichsgesetz“ genannt) geht es um die Verteilung des Einkommens auf eine Vielzahl von Bedürfnissen, mit dem Ziel, einen höchstmöglichen Gesamtnutzen zu erreichen. Ein Haushalt befindet sich demnach im „Haushaltsoptimum“, wenn seine Grenznutzen für alle Güter, jeweils geteilt durch den Preis des Gutes, wertmäßig übereinstimmen. Andernfalls könnte er seinen Gesamtnutzen steigern, da sich eine Umstrukturierung des Konsums so vornehmen ließe, dass eine Ausgabenreduzierung bei einem Gut weniger Nutzeneinbuße als eine entsprechende Ausgabenerhöhung bei einem anderen Gut Nutzenzuwachs bedeutet.

Das 2. Gossensche Gesetz gilt sowohl für eine ordinale als auch für eine kardinale Messung des Nutzens. Hat jemand Hunger und Durst, so wird er demnach den Konsum zwischen Brot und Wasser so aufteilen, dass zum Schluss die ausgewogenen Grenznutzen zwischen diesen beiden vorhandenen Gütern genau übereinstimmen; er also nicht das Gefühl hat, zuviel/zuwenig Wasser oder zuwenig/zuviel Brot konsumiert zu haben. Das bedeutet, dass in diesem „Haushaltsoptimum" das Preisverhältnis der beiden Güter Brot und Wasser mit dem Verhältnis ihrer Grenzrate der Substitution (Steigung der Indifferenzkurve) übereinstimmt.

Zentral für die „Österreichische Schule" ist die Idee der evolutorischen Schöpfung von Wissen durch das Unternehmertum und die Betrachtung der dynamischen Unsicherheit wirtschaftlicher Abläufe. Im Mittelpunkt steht der Mensch als kreativ Handelnder und als Protagonist aller wirtschaftlichen und sozialen Prozesse. Endzweck allen Wirtschaftens ist die Befriedigung menschlicher Bedürfnisse.

Die „Österreichische Schule" betont die Bedeutung der einzelnen Menschen und deren individuellen Vorlieben für die wirtschaftlichen Prozesse (sog. Subjektivismus, methodologischer Individualismus). Hinzu kommt eine generelle Abneigung gegenüber der mathematischen Erklärung von volkswirtschaftlichen Zusammenhängen, wie sie seinerzeit vom allem von der „Lausanner Schule" (Begründer: Walras, bedeutendste Vertreter: Pareto, Pantaleoni, Barone, Amososo u.a.) und der „Cambridge Schule" (Begründer: Jevons, Hauptrepräsentanten: Marshall, Edgeworth, Pigou, nach dem Ersten Weltkrieg: D. H. Robertson und J. M. Keynes) mit ihren mathematisch formulierten Gleichgewichtsmodellen initiiert wurde, die man der sog. „Neoklassischen Theorie" zuordnet.

Als Gründer der „Österreichischen Schule" gilt Carl Menger. Er wurde am 23. Februar 1840 in Neu-Sandez in Galizien als Sohn des Rechtsanwaltes Dr. Anton Menger, Edler von Wolfensgrün, geboren. Da der Adelstitel zweifelhaft war, wurde er von Carl Menger und seinen Brüdern abgelegt. Seine Mutter Karoline Gerzabek war die Tochter eines sudetendeutschen Kaufmanns, der sich durch den Erwerb der Staatsdomäne Maniow in Galizien als

Grundbesitzer etabliert hatte. Carl Menger hatte Rechtswissenschaft an den Universitäten Wien und Prag studiert. 1867 promovierte er an der Universität Krakau. Er arbeitete zunächst als Journalist, dann als Beamter im Ministerratspräsidium in Wien, wo er die Presseberichterstattung in der Wiener Zeitung und die Sammlung von Wirtschaftsdaten aus der Presse zu betreuen hatte. Die Beobachtung der raschen Veränderungen der Preiskonstellationen während der Wiener „Gründerzeit" soll ihn maßgeblich wissenschaftlich angeregt haben. 1871 veröffentlichte er die *Epochalen Grundsätze der Volkswirtschaftslehre*, mit denen er sich 1872 an der Universität Wien für Volkswirtschaftslehre habilitierte. 1873 nahm er die ihm angebotene außerordentliche Professur seines Faches an der Universität Wien an.

(Nebenbei bemerkt: Heute gibt es in Wien und in ganz Österreich keinen einzigen Lehrstuhl mehr, der die „Österreichische Schule der Nationalökonomie" vertritt. Stattdessen beherrscht die staatsfromme keynesianisch geprägte „Mainstream-Ökonomie" das Geschehen an den Hochschulen total – und zwar ungeachtet ihres Scheiterns in der Realität!)

1876 wurde Carl Menger Lehrer des Kronprinzen Rudolf in Politischer Ökonomie und wohl einer der einflussreichsten Erzieher im Sinne des Liberalismus: Er publizierte später mit ihm gemeinsam und war derjenige Lehrer, der ihn auf seinen Reisen nach England, Frankreich, Deutschland und der Schweiz begleitete. Zurückgekehrt wurde Menger 1879 ordentlicher Professor für Politische Ökonomie und widmete sich nun vornehmlich der universitären Lehre. Menger war ein begnadeter Lehrer. Er hatte in den 1880er Jahren begonnen, begabte junge Wissenschaftler um sich zu scharen; bis zu seiner Pensionierung wurden es insgesamt 14 Habilitierte. Hervorragend waren vor allem Eugen von Böhm-Bawerk mit seiner Dogmengeschichte der Zinstheorien, seiner Agiotheorie des Zinses und brillanten Darstellungen zur subjektivistischen Wertlehre; Friedrich von Wieser, mit seiner Weiterentwicklung der Wertlehre und mehreren geglückten Begriffsbildungen (Grenznutzen, Zurechnungslehre, Opportunitätskosten); Emil Sax mit einer Grundlegung der theoretischen Staatswissenschaft; Robert Zuckerkandl mit einer Theorie des Preises; Viktor Mataja mit einer Monographie zum Unternehmergewinn; Robert Meyer mit Arbeiten zur Steuertheorie oder Eugen von Philippovich mit seinem oftmals aufgelegten Lehrbuch *Grundriß der politischen Ökonomie* (drei Bände, Wien 1897). Die Gruppe um Carl Menger veröffentlichte zudem laufend Beiträge zur Methodologie und setzte sich eingehend mit der Arbeitswerttheorie von Karl Marx auseinander, deren wissenschaftliche Unhaltbarkeit sie nachwiesen.

Carl Menger wurde Hofrat und 1900 auf Lebenszeit ernanntes Mitglied der zweiten Kammer „Österreichs“, des Herrenhauses. Nachfolger auf seiner Wiener Professur wurde 1903 Friedrich von Wieser (1851 - 1926), sein zweitbekanntester Schüler, neben Eugen von Böhm-Bawerk (1851 - 1914), der 1903 wieder einmal Finanzminister war, aber schon 1904 seinem Schwager Friedrich v. Wieser auf ein weiteres, eigens für ihn geschaffenes, Ordinariat an der Universität Wien folgte.

Menger trug mit der Grenznutzenlehre entscheidend zur marginalistischen Analysemethode bei: Er vertrat die bereits geschilderte Auffassung, dass das klassische Wertparadoxon, also die Frage nach dem Verhältnis von Wert und Nutzen, eben dadurch gelöst werden kann, dass der Wert eines Gutes durch den Beitrag einer weiteren Einheit eines Gutes zur Befriedigung eines menschlichen Bedürfnisses bestimmt wird.

Bekannt wurde dieser mikroökonomische Ansatz im so genannten „Methodenstreit der Nationalökonomie“ mit der „Historischen Schule“, in dem Menger die These vertrat, dass die Wirtschaftstheorie gegenüber der Wirtschaftsgeschichte unabhängig sei. Die im damaligen Preußen vorherrschende „Historische Schule“ um Gustav Schmoller (1838 - 1917) vertrat einen streng relativistischen Ansatz. Schmoller verneinte ökonomische Gesetzmäßigkeiten und erklärte wirtschaftliches Geschehen als lediglich abhängig von den jeweiligen Zeitumständen. Menger hielt jedoch die ökonomischen Gesetzmäßigkeiten generell für logisch objektiv erkennbar.

Der „Methodenstreit" zerstörte für den wissenschaftlichen Nachwuchs aus Österreich jegliche Chancen auf eine Universitätskarriere in Deutschland. Ein Großteil der Habilitierten wechselte infolgedessen in den öffentlichen Dienst oder in staatsnahe Institutionen wie Banken oder Kammern. Bis zum Zerfall der Habsburgermonarchie besetzten die Habilitierten der „älteren Österreichischen Schule" viele Spitzenbeamten oder Minister (neben Eugen von Böhm-Bawerk, Friedrich von Wieser, Viktor Mataja, Robert Meyer, auch Richard Schüller und Richard Reisch), Kabinettschefs (Gustav Seidler, Rudolf Sighart), Bankdirektoren (Julius Landesberger, Sighart, Reich) und Abgeordnete sowie einen Reichsratspräsidenten (Emil Sax, Gustav Gross). (Die Symbiose mit staatlichen bzw. halbstaatlichen Institutionen war folgenschwer: Mit dem Untergang der Monarchie ging auch die institutionelle Verankerung der „Österreichischen Schule" verloren. Noch schwerer wog, dass sich, bis auf den völlig zurückgezogen lebenden Carl Menger und den jungen Ludwig von Mises, die Mitglieder der Schule durch die Mitarbeit im Generalkommissariat für Kriegs- und Übergangswirtschaft, dem österreichischen Experiment einer Zentralplanwirtschaft im Ersten Weltkrieg, in gewisser Weise desavouiert hatten.)

Carl Menger starb am 26. Februar 1921 in Wien.

Der Ausdruck „Österreichische Schule" wurde übrigens zunächst von den Vertretern der „Historischen Schule" benutzt und sollte den Kreis um Carl Menger als provinziell abwerten. Die „Österreicher" nahmen ihn aber bald selbst an und zitierten später gerne polemisch ihre Gegner, die sich selbst zunächst positiv gemeint als „intellektuelle Leibgarde des Hauses Hohenzollern" bezeichnet hatten, eben als solche.

Eugen von Böhm-Bawerk ergänzte Mengers Lehre um eine subjektivistische Kapital- und Zinstheorie, wonach der Kapitalzins in einem Marktprozess zwischen Individuen mit unterschiedlichen Zeitpräferenzen entsteht. Der Eigentümer von Kapital verzichte auf Konsum in der Gegenwart, um als

Gegenleistung für seinen Verzicht den Zins zu erhalten (Gesetz der Gegenwartspräferenz). Die unternehmerische Bewertung des Werts der Zeitpräferenz drückt sich im Marktpreisen aus: dem Zins. Der Zins ist zentral für die Produktionsstruktur einer Gesellschaft. Die Akkumulation von Kapitalgütern entstehe durch Abwägung der bestmöglichen Ausnutzung von Gegenwart und Zukunft. Der Unterschied zwischen reichen und armen Nationen liege in der Höhe des in der Zeit angesparten Kapitalstocks. Unter Kapital versteht Böhm-Bawerk den Wert der Kapitalgüter in Marktpreisen. Da in sozialistischen Wirtschaftsordnungen keine Märkte und somit auch keine Preise vorhanden sind, ist dort keine Wirtschaftsrechnung möglich (keine Ressourcenallokation!) und es existiert folglich kein Kapital.

Ludwig von Mises (1881 - 1973) baute auf dieser Grundlage (sowie den Erkenntnissen der Currency School) seine Geld- und Konjunkturtheorie auf. Er erklärte Konjunkturzyklen mit der Verzerrung des Produktionsprozesses durch die Geldschöpfung der Zentralbanken, die durch zu niedrige Zinsen überhöhte Investitionen anregen, die nicht durch entsprechenden Konsumverzicht bzw. Ersparnisse gedeckt sind. Sein Schüler Friedrich A. von Hayek (1899 -1992) präzisierte – unter Hinzuziehung der Theorie des natürlichen Zinses von Knut Wicksell – diese Theorie und stellte sich damit in scharfen Gegensatz zur Theorie von John Maynard Keynes (1883 - 1946). Nach Hayek beruhen Ungleichgewichtsprozesse auf dem Auseinanderklaffen von natürlicher Zinsrate und dem von den Banken festgelegten Zinssatz.

Grundlegend für Hayeks Konjunkturtheorie sind folgende Thesen: Durch freiwilliges Sparen verringert sich die Nachfrage nach Konsumgütern. Der relative Preis der Konsumgüter sinkt. Die Kapitalbildungsquote steigt, wodurch der Geldzins sinkt. Sinken die Kapitalkosten, so wird die Investition in ergiebigere Produktionsmittel lohnender (Ricardo-Effekt). Solange dies auf freiwilligem Sparen beruht, strebt die Wirtschaft einem Gleichgewicht entgegen. Sinkt jedoch durch eine Kreditexpansion der Geldzins unter die natürliche Zinsrate, steigen die Investitionen in Produktionsmittel. Der verringerten Konsumgüterproduktion steht eine gleichbleibende Nachfrage entgegen. Der Konsumverzicht führt zu „erzwungenem Sparen", das den von den Investoren beanspruchten Ressourcen entspricht.

Mit der dadurch verursachten Preissteigerung erreicht das Wirtschaftshoch einen kritischen Punkt: Die Konsumgüterpreise steigen bei nunmehr steigendem Zins. Die einzigen Lösungen waren für Hayek die weitere Kreditexpansion, um die Abnahme der Kapitalgüternachfrage zu vermeiden, oder der schmerzhafte, aber dauerhaft unvermeidliche Prozess der Rezession. Die Weltwirtschaftskrise bestätigte Hayeks Theorie. Hayek erhielt 1974 für sein Werk *Preise und Produktion*, in welchem er die Kapitaltheorie von Böhm-Bawerk übernahm, den Wirtschaftsnobelpreis.

Gerade in der heutigen Schulden-, Finanz- und Eurokrise, die die „Österreichische Schule" vorausgesehen hat, kann nur sie mögliche Lösungsansätze liefern. Nach Fritz Machlup (1902 - 1983), einem Schüler von Friedrich von Wieser und Ludwig von Mises, bilden sechs Hauptlehren das Herzstück der „Österreichischen Schule":

- Methodologischer Individualismus: Wirtschaftliche Sachverhalte müssen aus dem Handeln von Individuen heraus erklärt werden (nicht zu verwechseln mit dem ideologischen oder politischen Individualismus). Den Gegensatz stellt der methodologische Kollektivismus dar.

- Methodologischer Subjektivismus: Wirtschaftswissenschaft basiert auf der Untersuchung der Handlungen realer Individuen, deren subjektivem Wissen (oder Unwissen), ihren subjektiven Bedürfnissen und ihren subjektiven Erwartungen.

- Grenznutzenlehre: Alle ökonomischen Entscheidungen werden durch die Grenznutzen bestimmt, d.h. den Nutzenzugang oder Nutzenentgang der letzten Einheit.

- Nützlichkeit: Subjektive Wertungen (Nützlichkeit) und abnehmender Grenznutzen bestimmen die Nachfrage und somit den Marktpreis.

- Opportunitätskosten: (auch „Wieserisches Kostengesetz" genannt). Handlungen sind abhängig von der Bewertung alternativer Handlungsmöglichkeiten.

- Zeitstruktur von Konsum und Produktion: Die Entscheidung zu sparen oder zu konsumieren, entsteht durch die subjektive Zeitpräferenz.

Das verbindende Element der „Österreichischen Schule" ist mehr oder weniger ihr ausgeprägter Wirtschaftsliberalismus, der wiederum maßgeblich auf Menger zurückgeht. Theoretisch fußt er auf Mengers Variante des Subjektivismus, verkörpert im Zeit-Irrtum-Topos (Erich Streissler). Denn irrt sich der Mensch in seiner Einschätzung der Zukunft, so trifft dies vor allem auch auf Wirtschaftspolitiker zu. Die Folgen wirtschaftspolitischer Interventionen sind eben nicht vorhersehbar. Daher sollten solche Eingriffe generell unterbleiben. Diese Argumentation lehnt sich eng an die von Adam Smith an. Staatseingriffe hemmen die Privatinitiative, weswegen Sozialismus und Kommunismus strikt abgelehnt werden. Niemals hat eine zentrale staatliche Planbehörde vergleichbares Wissen verfügbar, wie es über das Preissystem des freien Marktes zum Ausdruck kommt. Politische wie wirtschaftliche Ordnung sind ebenso wie die individuelle Freiheit unteilbar. Der Marktmechanismus verhindert in seiner Wirkung als „riesiges Machtzerschlagungsinstrument" (Karl Braunschweig) die Macht von Menschen über andere Menschen, wie es dem ethisch-moralischen Ideal des Liberalismus entspricht.

Statt eines Über- bzw. Unterordnungssystems wie in der Zentralplanwirtschaft („Befehlswirtschaft", „Kommandowirtschaft") stellt der Markt ein anonymisiertes Allokationsprinzip dar, in dem lediglich das Zusammenspiel zwischen Angebot und Nachfrage entsprechende Handlungsanweisungen an die Marktteilnehmer aussendet. Erfolg hat nur derjenige, der den nachfragenden Konsumenten das beste Angebot bietet.

Die „Österreichische Schule" unterscheidet sich von der formalisierten „Mainstream-Ökonomie" durch ihren erkenntnisbezogenen, epistemologischen Zugang, der jeder Objektivierung und Messbarkeit widersteht, weil er reale Menschen als freie Akteure in den Mittelpunkt rückt. Die „Austrians" brauchen deshalb weder vollständig rationale noch irrationale Menschen für die Erklärung des wirtschaftlichen Geschehens; ihr Denkansatz arbeitet mit Menschen, die im Großen und Ganzen den ewigen ökonomischen Gesetzmäßigkeiten der Knappheit, der Knappheitsüberwindung und des Strebens nach Gewinn handeln, mit Menschen also, wie sie nun einmal sind. Dabei können die Wirtschaftssubjekte jeweils ganz unterschiedliche, ja widersprüchliche zeitliche, geldmäßige und sonstige Vorstellungen haben. Die „Austrians" benötigen deshalb auch keine hochgestochenen mathematische-statistischen Theoriemodelle, weder Globalgrößen noch Durchschnittsgrößen (die sowieso nicht aufeinander wirken), sondern vielmehr ihren ökonomisch geschulten und geschärften Verstand. Zentral ist für die „Austrians" die Erkenntnis, dass Wissen durch den Marktprozess selbst entsteht und somit alle wirtschaftlichen Abläufe einer dynamischen Unsicherheit unterliegen.

Die „Österreichische Schule" betont die freie Entscheidung des Individuums, den Schutz des Privateigentums, die Bedeutung des Marktes zur Informations- und Wissensvermittlung im wirtschaftlichen Prozess, den innovativen Unternehmer und den Wettbewerb als Entdeckungsverfahren. Laut der „Österreichischen Schule" ist es eine Hauptaufgabe der Regierung, Sparsamkeit und Fleiß der Bürger zu unterstützen und dabei selbst mit gutem Beispiel voranzugehen.

Nur geordnete Staatsfinanzen, eine stabile Währung, freier Wettbewerb, Freihandel, garantiertes Privateigentum, Vertragsfreiheit und Rechtsstaatlichkeit führen zu Wohlstand (Massenwohlstand) und somit zur Sicherung der persönlichen Freiheit jedes einzelnen Bürgers.

Einen sogenannten „dritten Weg“ zwischen Sozialismus und Kapitalismus gibt es nicht. Der „Sozial-Sozialismus“ des modernen Wohlfahrtsstaates endet letztlich in der schamlosen Überschuldung und somit am Ende in der Pleite! Eine richtig verstandene Volkswirtschaftslehre ist demnach nichts anderes als angewandter Liberalismus (nach Ludwig von Mises).

Quellen:

Roland Baader: Booms and Busts: Ludwig von Mises Institut Deutschland, 14.06.2013

Roland Baader Geld, Gott und Gottspieler, 2. Auflg., Gräfeling 2005

Roland Baader: Geldsozialismus, Gräfeling 2010

Karl Braunschweig: Skripten – Mittelkurs: Mikroökonomie I, Köln 1964

Wolfram Engels: Soziale Marktwirtschaft, Stuttgart 1972

Gregor Hochreiter: Geld, Gesellschaft, Zukunft, Gräfeling 2014

Karen Horn: Die Soziale Marktwirtschaft, Frankfurt a. M. 2011

Erich Streissler: Carl Menger, in: Klassiker des ökonomischen Denkens, Hrsg.: Joachim Strabatty, Hamburg 2012

Rahim Taghizadegan: Wirtschaft wirklich verstehen, München 2011

Die Anmaßung von Wissen

Im Rahmen der Gesellschafts- und Wirtschaftsordnung müssen sich vor allem die kollektivistischen Gesellschaftskonstrukteure, die dem cartesianischen Rationalismus anhängen, die Frage stellen, warum sie permanent an den Klippen der Realität so furchtbar scheitern. Sie müssen sich fragen, inwieweit die menschliche Verstandesleistung überhaupt in der Lage ist, planerisch und bestimmend ein so komplexes System wie eine Wirtschafts- und Gesellschafsordnung zu entwerfen und zu lenken. Es drängt sich der Verdacht auf, dass sie die Leitungsfähigkeit des menschlichen Verstandes falsch einschätzen und den tatsächlichen Ablaufprozess der sozio-kulturellen Evolutionsentwicklung nicht verstehen.

Die kulturelle und soziale Evolution hat ganz offenbar (ohne, dass der Mensch dies selbst hätte planen oder bewusst konstruieren können) mit dem Marktmechanismus zum Beispiel eine Realität geschaffen, die der menschliche Verstand gar nicht begreifen kann – geschweige denn hätte konstruieren können. Das klingt paradox: Der Marktmechanismus ist das Produkt menschlichen Handelns, aber der menschliche Verstand kann ihn gar nicht nachvollziehen, nicht planen oder lenken. Das menschliche Handeln bringt also Dinge hervor, die der menschliche Verstand gar nicht zu entwerfen bzw. zu konstruieren in der Lage ist. Die enorme Überlegenheit des Marktmechanismus gegenüber allen anderen Systemen der Wirtschaftsordnung kann der Mensch lediglich im Nachhinein konstatieren, er wäre aber niemals selbst in der Lage, diese Entwicklung durch eigene verstandesmäßige Leistung zustande zu bringen. Schon Immanuel Kant stellte richtigerweise fest: „Unser Entscheiden reicht weiter als unser Erkennen."

Diese Einsicht und die damit verbundene Demut in der Beschränktheit des menschlichen Verstandes in allen Dingen der Wirtschafts- und

Gesellschaftsordnung fällt vor allem denjenigen Menschen schwer, die sich berufen fühlen, für ihre Mitmenschen eine bessere Welt planerisch zu entwerfen und entsprechend zu steuern. Dass sie den Marktmechanismus verstandesmäßig nicht begreifen können, führt zu einer instinktiven Ablehnung.

Viel wäre schon gewonnen, wenn all die Apologeten einer vermeintlich besseren Welt mit ihren Reformen und Gesellschaftssystemen schlicht und ergreifend einsehen würden, dass sie den Kern menschlicher Verhaltensweisen und daraus folgender evolutorischer Entwicklung missverstehen. Wer nicht versteht, dass der Mensch weder durch Verstand noch durch reinen Instinkt zu dem geworden ist, was und wie er nun einmal ist, der wird immer wieder mit seinen durchaus wohlmeinenden Maßnahmen konstruktivistischer Natur scheitern.

Die Hybris der menschlichen Ratio, die Anmaßung von Wissen, das Überschätzen des tatsächlichen Leitungsvermögens des menschlichen Verstandes ist ganz typisch für die politische Klasse, die Intellektuellen und die Medien. Die Folge ist ein ständig intervenierender und umverteilender Sozialstaat, der fatalerweise von sich selbst überzeugt ist, am besten zu wissen, was für die Menschen gut ist. Jeder Eingriff in die Ressourcenallokation des freien Marktes führt automatisch zu einer entsprechenden Fehlleitung von Ressourcen, mindert also die Gesamteffizienz, so dass am Ende für alle Bürger weniger Sozialprodukt vorhanden ist.

Sobald sich das Staatswesen nicht mehr darauf beschränkt, den Ordnungsrahmen einer Wettbewerbswirtschaft zu setzen und die Einhaltung der dafür notwendigen Regeln und Gesetze für alle gleichermaßen zu überwachen, beginnt der Weg in den Schuldenstaat. Am Ende werden Wohlstand und Freiheit der Bürger durch die wohlmeinenden Maßnahmen der Sozialstaatsfunktionäre geopfert. Diese sozial beseelten Gesellschaftskonstrukteure verstehen nicht den Wirkungsmechanismus der sozio-kulturellen Evolution.

Der Kapitalismus ist im Gegensatz zum Sozialismus und Marxismus eben kein Gedankenkonstrukt des Gehirns ideologiebeseelter Gutmenschen, sondern ein kulturelles Phänomen der Evolution. Genau deshalb funktioniert der Kapitalismus in der Praxis, während noch alle sozialistischen bzw. marxistischen Versuche in der Geschichte kläglich gescheitert sind.

Die Vorstellung, dass die Fähigkeit des Menschen, gewisse Fähigkeiten zu erwerben, vom Verstand stammt, ist ein verbreiteter Unsinn. Vielmehr ist der Mensch im Verlaufe seiner Entwicklung deshalb intelligent und findig geworden, weil er auch dem Weg seiner Evolution etwas erlernen konnte, was zwischen Instinkt und Verstand angesiedelt ist. Alle wichtigen Meilensteine in der sozio-kulturellen Menschheitsentwicklung, wie z. B. die Sprache, das Geld, die Arbeitsteilung, der Marktmechanismus, das Recht usw. sind nicht Produkte menschlicher Verstandesleistung.

Der Mensch ist dafür gar nicht intelligent genug. Er ist in die moderne Welt regelrecht hineingestolpert und diese hat ihn zu unvorhersehbaren Höhen getragen. Wie ist es nun zu solchen sozial-kulturellen Institutionen wie der Sprache, des Geldes, des Rechts usw. gekommen?

Das erste Kapitel des Buches *The fatal Conceit* von Friedrich A. von Hayek lautet: *Between Instinct and Reason*, also zwischen Verstand und Instinkt. Dieser offenbar entscheidende Zwischenbereich besteht aus dem, was man als Überlieferung, Traditionen, Sitten, Gebräuche, Gewohnheiten bezeichnet. Das meiste an diesen Fähigkeiten, ihre wesentliche Substanz, ist weder in den Instinkten genetisch verankert noch rational entworfen oder ausgedacht worden.

Weil die menschlichen Sitten, Praktiken und Moralregeln nicht Verstandesprodukt sind, sind sie auch zum Großteil nicht rational begründbar, ja sogar oft noch nicht einmal den Menschen richtig bewusst. Das Erlernen von Verhalten, sagt Hayek, ist mehr die Quelle als das Ergebnis von Einsicht, Vernunft und Verstand. Kultur und Evolution haben den menschlichen Verstand hervorgebracht.

Es war allerdings nicht der menschliche Verstand, der die Zivilisation entwickelt hat (geschweige denn die Richtung dieser Entwicklung), sondern Verstand und Zivilisation haben sich sozusagen wechselseitig befruchtet und entwickelt. Brauch, Sitte und Tradition stehen demnach zwischen Instinkt und Vernunft – logisch, psychologisch und auch zeitlich. Weil der Mensch Dinge wie die Sprache, das Recht oder das Geld nicht bewusst erfunden und entworfen hat (weil er das gar nicht könnte), kann er diese folglich auch nicht nach seinem Willen verändern oder verbessern!

Der Zwischenbereich von Vernunft/Verstand und Instinkt mit seinen Moral- und Verhaltensregeln, seinen Sitten, Gebräuchen und Traditionen war das wichtigste Instrument des Menschen in seinem Überlebenskampf und seiner Entwicklung. Nur mit seinen Instinkten hätte es der Mensch nicht viel weiter als zu einer primitiven Lebensform gebracht, allein mit seinem Verstand noch nicht einmal dazu (denn der Verstand ist ja erst das Produkt der menschlichen Entwicklung). Und selbst eine Kombination von Vernunft/Verstand und Instinkt hätte das gleiche Ergebnis erzeugt: Der Mensch hätte sich entwickelt wie ein Säugling, den man allein in der freien Natur aussetzt und mit dem Rat versehen hätte: Jetzt verlasse dich auf deine Instinkte und benutze deinen Verstand.

Man stelle sich vor, ein verirrter Tourist trifft im Urwald auf einen Eingeborenenstamm, der noch nie Kontakt zur Zivilisation hatte. Er sieht sich unvermittelt von bemalten Gestalten mit Speeren und Knochenäxten umringt. Der arme Tourist ist in diesem Moment völlig hilflos. Weder Instinkt noch Verstand können ihm jetzt weiterhelfen. Instinktiv möchte er fliehen, aber sein Verstand rät ihm: Tue das nicht; das könnte gefährlich sein. Mehr aber auch nicht. Denn auch der klügste Mensch kann in dieser Situation unmöglich wissen, was jetzt die richtige Verhaltensweise sein könnte. Die Hand als Zeichen der Friedfertigkeit auszustrecken, könnte von den Eingeborenen als Angriff missverstanden werden. Lachen kann als Auslachen missverstanden werden und wütende Reaktionen auslösen.

Starre Unbeweglichkeit könnte als Furcht, Bewegung andererseits als Aggression oder Täuschung aufgefasst werden. Das Ergebnis: Der Tourist kann in dieser Situation nur Glück oder Pech haben. Wenn er Glück hat, decken sich einige seiner Verhaltensweisen mit denen, die bei diesen Eingeborenen üblich sind.

Die zwischen Instinkt und Vernunft/Verstand angesiedelten Regeln und Institutionen sind eine Art Anpassungsparameter an die in Wirklichkeit undurchschaubare und unvorhersehbare Entwicklung allen Lebens und aller Lebensordnungen. Sie ermöglichen dem Mensch als Einzelperson und den Menschen als Gesamtheit, sich immer weiter anpassen und entsprechend entwickeln zu können. Und zwar in eine Richtung, die man nur ganz allgemein mit Kultur oder Zivilisation beschreiben kann. Von diesen Regeln anzunehmen, sie seien das Produkt von bewusstem Entwurf menschlichen Verstandes, hieße sie nicht zu verstehen. Und dann noch anzunehmen, man könne neue, vernünftigere Regeln und Institutionen entwerfen, würde letztlich bedeuten, die wesentlichen Grundlagen des Lebens und Überlebens zu negieren und schlimmstenfalls sogar zu zerstören.

Wenn der Mensch heute eine Gesellschaft mit einem hohen zivilisatorisch-kulturellen Entwicklungsstand erreicht hat, dann aufgrund der Tatsache, dass er hierfür im Laufe der kulturellen Evolution eine geeignete (oder günstige) Wertskala bzw. einen ungeschriebenen Verhaltenskodex entwickeln konnte. Also zum Beispiel eine Palette von Taburegeln („Du sollst nicht ..., man tut nicht ...“), die sich als überlebensgünstig herausgestellt haben. Die Eigenschaft der Überlebensgünstigkeit ist aber eben nicht identisch mit Vernünftigkeit. Ein Beispiel dafür: In allen erfolgreichen Kulturen kennt man die Institution des Respekts vor dem Alter und des Altenteils (also der Verpflichtung der Kinder, für den Unterhalt der alten Eltern zu sorgen). Nachträglich analysiert, erkennt man darin auch den Sinn, dass die jeweils Jungen sich damit auch die traditionelle Grundlage für die eigene Versorgung im Alter schaffen. Diese Verhaltensweise entwickelte sich in Form einer strengen und hohen Moralregel in der Werteskala. Ihre Verletzung wurde mit Ächtung durch alle Mitglieder der Großgruppe (Gesellschaft) sanktioniert: Wer seine Eltern nicht versorgt hat, war nicht unvernünftig, sondern wurde geächtet – man wollte mit demjenigen nichts mehr zu tun haben.

Wohlhabende Gesellschaften unterliegen der Versuchung, die Altersversorgung stattdessen zur Angelegenheit der Allgemeinheit oder des Staates zu machen. Man benutzt heute dafür den Begriff „Generationenvertrag". Das Ergebnis ist nicht nur eine radikale Veränderung der Struktur der Altersversorgung, sondern natürlich auch ein ebenso radikaler moralischer Wandel. Wer nun seine Eltern versorgt, wird als dumm oder nicht clever bezeichnet („Soll sich der Staat ... Schließlich haben wir ein Leben lang eingezahlt"). Wer seine Eltern der Fürsorge des Staates überlässt (Rente), nimmt nur vernunftmäßig sein Recht und das der alten Eltern wahr. Mit Gesetzen kann man eben auch Moral und Tradition zerstören und damit auf längere Sicht eine ganze Gesellschaft.

Alle überlebensgünstigen Verhaltensregeln und Institutionen werden nicht durch rationale Erkenntnis, sondern vielmehr durch religiöse Vorschriften und Glaubensinhalte gedeckt und geschützt. Völker oder Gruppen haben sich über Jahrhunderte lang mittels Moralregeln fortgepflanzt, die sie selbst nicht rational erklären oder rechtfertigen konnten. Die Erhaltung der menschlichen Kultur war also nur möglich, weil die Moralregeln, deren Funktion die Menschen nicht einsehen konnten, zum Beispiel durch religiöse Sanktionen belegt wurden.

Wahrscheinlich ist deshalb auch kaum je ein Mensch imstande, rational zu rechtfertigen, warum Institutionen, wie zum Beispiel das Privateigentum, für die Entwicklung der Gesellschaft besser sind als sie sind. (Dies wäre eine der Aufgaben, die auch den Wirtschaftswissenschaften gestellt ist, die sie aber praktisch kaum erfüllt.)

Die menschliche Gesellschaft hat aufgrund von Regeln überlebt und lebt weiter von solchen Regeln, die sozusagen nur deshalb weiterbestehen, weil es für die große Mehrheit der Menschen eine übernatürliche Rechtfertigung dafür gibt. Würde die Menschheit versuchen, nur mithilfe von rein rational gebildeten Regeln zu leben, würde sie nicht überleben.

Der Widerspruch zwischen dem Rationalismus im Sinne des kartesianischen Rationalismus und der spontanen Ordnung im Sinne des philosophischen Nominalismus – der die geistige Grundlage des klassischen Liberalismus darstellt – ist evident. Auch der klassische Liberalismus ist keine Erfindung, sondern eine Entdeckung. Die klassisch liberalen Denker und Philosophen lernten deshalb ihren Verstand INTERPRETIEREND zu gebrauchen ohne ihn KONSTRUIEREND zu missbrauchen. Darüber hinaus besteht ein zweiter Widerspruch: zwischen der rationalen Ordnung der Gesamtgesellschaft, der „Großen Gesellschaft" und den archaischen Urinstinkten. Dies kann am Beispiel der Arbeitsteilung verdeutlicht werden.

Wenn jedermann sein eigenes Fernsehgerät basteln würde, hätte vermutlich keiner eines; mit Ausnahme von einigen begabten Elektrotechnikern. Die simple Tatsache, dass ein Mann nur den Entwurf zeichnet, ein anderer lötet, ein dritter zusammenbaut und ein vierter nur Knöpfe drückt, beschert der Allgemeinheit (aus vielerlei Gründen) das Ergebnis, dass fast jeder ein Fernsehgerät besitzt und dass dieses Gerät für den Gegenwert von nur relativ wenigen Arbeitsstunden für praktisch jeden erschwinglich ist. Eine Affenhorde würde eine derart subtile Art von Arbeitsteilung niemals zustande bringen – mit dem Ergebnis, dass die Affenhorde nichts zuwege bringt, was auch nur im Entferntesten etwas mit Zivilisation oder Kultur zu tun hat. Kein Affe würde begreifen, dass er seiner Gemeinschaft unendlich viel nützlicher – auch viel gemeinnütziger – sein könnte, wenn seine Horde arbeitsteilig organisiert wäre. Der Affe lebt ausschließlich in seiner „kleinen Welt" der Horde.

Der Mensch aber lebt in zwei Welten. Das Befolgen der Regeln aus dem Bereich zwischen Vernunft/Verstand und Instinkt haben den Menschen in die „große Welt“ der modernen Zivilisation bzw. Massengesellschaft mit ihrer arbeitsteiligen Organisation geführt. Dennoch sind die menschlichen Instinkte immer noch der „kleinen Welt“ verhaftet. Die technische, moderne Welt ist nicht der Moral, wohl aber den Instinkten weit vorausgeeilt. Daraus resultiert ein gewisses ständiges Unbehagen vieler Menschen in der heutigen „großen Welt“, weil die Menschheit das Grundprinzip der „großen Welt“, nämlich die Arbeitsteilung, noch nicht genügend verstanden und verinnerlicht hat.

Im Übergang von der primitiven Gesellschaft, in der der Mensch noch in kleinen Gruppen lebte, deren Mitglieder sich untereinander gut kannten, zur offenen Massengesellschaft, die nicht mehr durch gemeinsame Ziele, sondern nur durch das Befolgen derselben abstrakten Regeln zusammengehalten wird, vollzog sich eine große Veränderung. Aus dieser Veränderung, die man auch als Evolutionssprung bezeichnen könnte, ging eine Gesellschaftsordnung hervor, die in zunehmendem Maße für den Menschen unverständlich wurde, für deren Erhaltung er sich aber nun Regeln und Verhaltensweisen unterwerfen muss, die häufig seinen angeborenen Instinkten zuwiderlaufen. Am schwersten fällt es vielen Menschen zu begreifen und zu akzeptieren, dass die einzigen gemeinsamen Werte einer offenen und freien Gesellschaft nicht mehr konkrete Handlungsziele sind, die es zu erreichen gilt, sondern stattdessen nur noch allgemeine abstrakte Verhaltensregeln. Verhaltensregeln, die den Weiterbestand einer ebenso abstrakten Gesellschafts- und Wirtschaftsordnung (wie der heutigen wettbewerbswirtschaftlichen Marktordnung) sicherstellen.

Aber während die Menschheit viele Jahrtausende Zeit hatte, sich die Reaktionen, die sie für die damalige Gesellschaftsform der „kleinen Welt“ benötigte, anzueignen und sie genetisch zu verankern, war es für die evolutorische Weiterentwicklung nötig, dass der Mensch sich neue Regeln aneignete. Dabei ergab es sich, dass einige dieser neuen Regeln gerade die Unterdrückung jener Instinkte voraussetzte, die in der modernen Massengesellschaft kontraproduktiv sind.

Die Aneignung dieser neuen Regeln wurde nicht dadurch erleichtert, dass man sie für geeigneter und wirksamer hielt. Der Mensch hat seine heutige Gesellschafts- und Wirtschaftsordnung nicht bewusst geplant bzw. entworfen, er ist in sie regelrecht hineingestolpert. Der Prozess der evolutorischen Entwicklung ist tatsächlich ein „Stolpern“, aber keinesfalls ein geradliniger vorherbestimmter oder gar lenkbarer Prozess. Die alte Tauschgesellschaft und die Lösung des Koordinationsproblems als Grundlage für das weitreichende Organisationsprinzip der Arbeitsteilung durch das Instrument beweglicher Marktpreise wurde dadurch möglich, dass sich im Laufe der Zeit nach und nach entsprechende Moralvorstellungen und daraus abgeleitete Verhaltensweisen herausbildeten und verbreiteten. Zu diesen Moralregeln gehörte es auch oft, darauf zu verzichten, die bekannten Bedürfnisse der eigenen Familie und vielleicht noch der Nachbarn zu befriedigen, sondern stattdessen den nicht bekannten Bedürfnissen vieler fremder Menschen der Massengesellschaft zu dienen. In der westlichen Welt wachsen immer mehr Menschen als Mitglieder großer Organisationen heran und das bedeutet, dass ihnen jene Regeln des Marktes fremd sind, die die offene Gesellschaft erst möglich gemacht haben.

Für sie ist die Marktwirtschaft weitgehend unverständlich. Denn sie haben die Regeln, auf denen die Marktwirtschaft beruht, niemals bewusst angewandt ... und ihre Ergebnisse erscheinen ihnen irrational und teilweise sogar unmoralisch zu sein. Als Folge davon treten die lange Zeit unterdrückten Urinstinkte wieder an die Oberfläche. Die Forderung nach einer gerechten Verteilung und nach einer Institution, die jedem das gibt, was er gerechterweise verdient, ist somit genau genommen ein Atavismus, der auf diesen (immer noch vorhandenen) Urinstinkten beruht. Und genau diese weithin vorherrschenden Gefühle und Emotionen werden von den kollektivistisch rationalistischen Gesellschaftskonstrukteuren gezielt angesprochen. Sie behaupten, eine angeblich bessere, gerechtere Gesellschaftsordnung zu schaffen. Ihr Ansatzpunkt ist das Unbehagen vieler

Menschen an der heutigen Zivilisation ... dass sie Urinstinkte unterdrücken müssen, um heute mit der „großen Welt" klarzukommen. Der Halbaffe steckt einfach noch zu tief im Menschen drin, als dass er sich in der „großen Welt" der Nichtaffen wohl fühlen könnte. Die Regeln und Verhaltensmuster des Horden-, Sippen- und Stammeslebens sind noch immer – und noch lange – abgrundtief im Unterbewusstsein und der Erbsubstanz des Menschen festgeschrieben. Diese menschliche Unzulänglichkeit ist das Geheimnis der Wirkung konstruktivistischer, kollektivistischer Ideen. All den zentralistisch beseelten Gesellschaftskonstrukteuren des Kollektivismus kann man nur mit Sokrates antworten: „Wisse, dass du nichts weißt. Erkenne die Dummheit in dir."

Mit den atavistischen Urinstinkten spielen die großen Führer und Verführer der Menschheit. Mit den missbrauchten Begriffen „Solidarität, „soziale Gerechtigkeit", „Altruismus", die nur zwischen einander bekannten Menschen sinnvoll eingesetzt werden können, auf der Ebene der Massengesellschaft in der „großen Welt" aber keinen Sinn mehr machen, locken sie die Menschen. Wer mit jenen Überbleibseln der instinktiven Mikroethik der Horde oder Sippe aus der „kleinen Welt" geschickt taktiert und von der solidarischen Gesellschaft redet, der spielt mit den Urinstinkten der Menschen und findet entsprechenden Zuspruch bei vielen durchaus wohlgesinnten Menschen, wie es Roland Baader in seiner Rezeption von *The fatal Conceit* (Friedrich A. von Hayek) so glänzend darstellt und erläutert.

Quellen:

Roland Baader: Kreide für den Wolf, Böblingen 1991

Roland Baader: totgedacht, Gräfeling 2002

Friedrich A. von Hayek: Die Verfassung der Freiheit, Tübingen 2005

Friedrich A. von Hayek: Individualismus und wirtschaftliche Ordnung, Zürich 1952

Friedrich A. von Hayek: The fatal Conceit,

Die historischen Wurzeln des deutschen Antiliberalismus

Die deutsche Geschichte wird gewissermaßen zentral von der Tatsache bestimmt, dass das deutsche Bürgertum durch den Dreißigjährigen Krieg (1618 - 1648) tief und langfristig ruiniert wurde. Anders als in anderen europäischen Staaten fiel damit das deutsche Bürgertum als Motor der neuzeitlichen Wirtschafts- und Gesellschaftsentwicklung weitgehend aus. Seine Rolle übernahm der absolutistische Obrigkeitsstaat. In der deutschen Gesellschaft ohne Bürgerbewusstsein, herrscht nicht die wichtigste Schicht, sondern sie ordnet sich ein und unter. Sie fügt sich in den Obrigkeitsstaat, dessen Ansehen und Verhaltensformen vom Beamtentum und mehr noch vom Adel und vom Militär bestimmt werden.

Ralf Dahrendorf sprach von einer „industriellen Feudalgesellschaft" in Deutschland. Daraus entwickelte sich eine deutsche Kultur gegen die westliche Zivilisation. Auch ist auf den fatalen Einfluss der Romantik als prägende Geschichtsepoche (1789 - 1848) hinzuweisen. Die Romantik ist nämlich weit mehr als die Aufklärung zur deutschen Epoche geworden. Die Romantik überlud und überfrachtete die Natur und alles Menschliche (Sprache, Bildung, Kunst, Musik, Familie, Heimat, Volk und Vaterland) mit den Gefühlswelten und Heilserwartungen, die als „entlaufenes Luthertum" (Christian Graf von Krockow) aus dem christlichen Glauben entstammten. Martin Luther wurde nicht müde, die Parallele zu ziehen zwischen der väterlichen Autorität und der Obrigkeit.

Es ist daher kein Zufall, dass die damaligen Denker und Dichter fast durchweg vom staatsfrommen Luthertum geprägt waren: Hegel, Schelling, Hölderlin, David Friedrich Strauss. Johann Gottlieb Fichte hatte seinen Weg als Theologiestudent begonnen, Nietzsche war Pfarrersohn. (Die Bedeutung des evangelischen Pfarrhauses für die deutsche Geschichte ist nicht zu unterschätzen.)

Nach Luther ist es der Glaube an Christus, der den Menschen gut macht. Die Möglichkeit zur Erlösung liege allein im Glauben und dem in den Evangelien geoffenbarten Wort Gottes. Deshalb heißt Luthers Lehre die „evangelische". Im Gegensatz dazu stehe die Vernunft, diese „Teufelshure", die sich jedem hingebe. Die Vernunft war für Luther die Antipode des Glaubens. Man könne nicht auf beides hören.

Luther war der Überzeugung, dass ohne obrigkeitsstaatliche Ordnung die Freiheit des Evangeliums nicht möglich sei. Die ausgeprägte Staatsfrömmigkeit des Luthertums, die es als Gegengewicht des Staates untauglich zu machen scheint, und die Tatsache, dass es in auffallender Weise als Instrument des Absolutismus in Deutschland gedient hat, haben die Meinung erzeugt, als ob im Luthertum schlechthin eine Quelle des deutschen Staatsabsolutismus zu suchen sei, zumal Luther kein demokratischer Reformer war. Er stellte sich öffentlich gegen diejenigen, die ihren politischen Herren getrotzt hatten. In seiner politischen Denkart blieb er mittelalterlich. Dass das Luthertum eine fatale Anlage zu einer obrigkeitsstaatlichen Wirkung hat und seine Anhänger zur politischen Indifferenz und Fügsamkeit erzieht, kann nicht geleugnet werden. Dass sie aber nicht genügt und alles weitere von den soziologischen Bedingungen abhängt, in denen das Luthertum gewirkt hat, beweist der Umstand, dass die skandinavischen Länder mehrheitlich lutherisch sind.

Das Luthertum hat zum Beispiel in Schweden ganz anders gewirkt als in Deutschland, nicht nur, weil der schwedische Reformator Olaus Petri ein überzeugter Humanist war, sondern auch, weil sich hier die lutherische Reformation unter Gustaf Wasa mit den Bauern gegen den Adel und gegen den katholischen Kronprätendenten Sigismund von Polen durchzusetzen hatte und so ein Bund zwischen dem König und dem lutherischen Volk zustande kam, der dann in der Hinrichtung von Adelsführern („Blutbad von Linköping", 1600) besiegelt wurde.

In Deutschland hingegen hat das Luthertum in jenen feudalen-absolutistischen Geschichtsraum hinein gewirkt, der entstanden war, nachdem durch die Vernichtung der deutschen Städtekultur seit dem Ausgang des Mittelalters dem deutschen Bürgertum das Rückgrat gebrochen worden war. Ein Bruch, der nie wieder geheilt ist. Erst dieses Zusammentreffen einer gefährlichen theologischen Anlage im Luthertum mit den entsprechenden soziologischen Bedingungen hat es aus einem Gegengewicht zu einem zusätzlichen Gewicht der Staatsmacht gemacht und Wirkungen hervorgebracht, die vom Standpunkt des Liberalismus und Demokratismus als schwere Hypothek erscheinen. Hätte sich der lutherische Protestantismus statt zur Zwangs- und Staatskirche zur Freikirche entwickeln können, so wäre er trotz seiner theologischen Anlagen zu einem Sammelpunkt der Toleranz und der Staatsopposition geworden.

Dass dies nicht geschehen, vielmehr jeder Ansatz zur Freikirchenbewegung in Deutschland unterdrückt worden ist, gehört zu den vielen deutschen Verhängnissen. Mit welch raffinierter Tücke hier die Geschichte gewaltet hat, ersieht man daraus, dass sich in Preußen seit dem Glaubenswechsel des Kurfürsten Johann Sigismund (1613) eine calvinistische Staatsspitze über eine lutherische Bevölkerung setzt und sich so der calvinistische Aktivismus der Staatsmacht mit der lutherischen Staatsfrömmigkeit der Untertanen verbindet. In diesem Zusammenhang ist auch auf den Pietismus des Soldatenkönigs Friedrich Wilhelm I. hinzuweisen. Dieser historische Hintergrund, noch ergänzt um die Einbettung des deutschen Geistes in den Romantizismus, führte zu einem explosiven Gemisch, wodurch die spätere historische Tragik vorgezeichnet war.

Anders als in Frankreich und vor allem in England, herrschten in Deutschland des 18. Jahrhunderts (bis auf wenige Ausnahmen) „wohlwollende" absolutistische Herrscher. Meinungsfreiheit gab es zwar bis zu einem gewissen Grade, sie war aber auf keinen Fall ungehindert (siehe Schiller, Schubart usw.).

Preußen war trotz seines militärischen Charakters das beste Beispiel für ein Land, in der eine Art von Liberalismus, allerdings eher nur auf intellektuellem Gebiet, zu wachsen begann.

Friedrich der Große (1740 - 1786) sprach von sich selbst als erstem Diener des Staates; als absolutistischer Herrscher übte er immerhin eine bis dahin nicht gekannte Toleranz zumindest in religiösen und weltanschaulichen Dingen aus. Aber auch diese Toleranz kannte enge Grenzen: Als Kant das Christentum als einzige Religion bezeichnete, die tatsächlich dem moralischen Gesetz entspreche, trugen ihm seine Ansichten über die Religion die Missbilligung der preußischen Regierung ein. Die deutsche Aufklärung war vielmehr Angelegenheit der Dichter und Schriftsteller als der Philosophie. Die deutsche Aufklärung war durch ihre Beschränkung auf religiöse und weltanschauliche Dinge insgesamt viel zu schwach. Bald begann denn auch die von Grund auf entgegengesetzte Richtung zu wirken: die viel leidenschaftlichere Romantik.

Gottfried Wilhelm Leibnitz (1646 - 1716) gilt als der erste große deutsche Philosoph Deutschlands, was laut Dietrich Schwanitz konsequent erscheint: „Die Engländer haben einen demokratischen Staat und sind Empiriker; die Franzosen haben einen zentralen Verwaltungsstaat und sind Rationalisten; die Deutschen haben gar keinen Staat und noch weniger Erfahrung: So wurden sie auf den Pfad der Spekulation gedrängt und wurden Idealisten." Die deutsche Romantik war sozusagen eine Reaktion bzw. Gegenbewegung zur „Vernunfteuphorie" der Aufklärung. Man sehnte sich auf einmal zurück nach der angeblich „heilen Welt" des Mittelalters.

Die enormen Fortschritte in Wissenschaft und Technik, die zunehmende „Kommerzialisierung" des Lebens überforderte die Menschen in gewissem Sinne. Sie fühlten sich durch diese Umwälzungen in erster Linie bedroht. Die gewohnte Ordnung in Natur, Gesellschaft, Gemeinschaft und Familie schien in Gefahr. Dazu gesellte sich der von Schriftstellern und Gelehrten verbreitete Mythos, die Deutschen seien ein ganz besonderes Volk. In Verbindung mit der Romantik findet sich auch eine Wiederbelebung des Nationalismus.

Fichte, der Begründer der „Deutschtums-Philosophie" hatte in seinen Reden an die deutsche Nation (1807/1808) von den Deutschen als einem „Urvolk" und vom „Volk schlechthin" geschrieben. Dies, vermischt mit dem Stolz auf die Dichter und Denker der deutschen Klassik, führte zum weitverbreiteten Gefühl, Deutschland sei zur geistig-kulturellen Führerschaft berufen und dürfe sich nicht vom „Ungeist der neuen Zeit", sprich Aufklärung, beirren lassen. Daraus ergab sich die Ablehnung der „westlichen" liberalen Ideen mit deren Betonung der persönlichen Freiheit und des Parlamentarismus.

Hegel, der „königlich-preußische Staatsphilosoph", war ein einflussreicher Verkünder des überhöhten Staatsgedankens. Sein Wort vom Staat als der „Verwirklichung der sittlichen Idee" stilisierte den Staat zur höchsten Form allen sozialen Lebens. Diese Staatsidee durchsetze den politischen Liberalismus in Deutschland und machte ihn schwach und kurzlebig. Die liberalen Ideen von der Kontrolle und Eingrenzung staatlicher Macht fanden keine entscheidende Resonanz. Obwohl die „westlichen" liberalen Ideen um die Mitte des Jahrhunderts durchaus das deutsche Bürgertum erfasst hatten, musste die 1848er Revolution scheitern, weil die tiefsitzende Ehrfurcht vor dem Staat und seiner „Ruhe und Ordnung" gebietenden Hoheit den bürgerlichen Eliten die Knie weich werden ließ. Die völlige Demoralisierung der liberalen Bewegung in Deutschland war damit endgültig perfekt.

Hinsichtlich des preußisch-evangelischen Obrigkeitsstaates fühlt man sich an die von Max Weber erhobene Klage erinnert, wonach Deutschland so vorzüglich verwaltet und so dilettantisch regiert werde. Die Schwäche des deutschen Bürgertums, die Übermacht und die Leistungsfähigkeit des Obrigkeitsstaates blockierten die Entwicklung freiheitlicher Institutionen. Einzig die Reformen des Freiherrn von Stein haben in den Städten Selbstverwaltung ermöglicht. Vermutlich ist die Städteordnung von 1808 gerade deshalb gefeiert und in ihrer Bedeutung wohl überschätzt worden, weil sie nicht die Regel für das politische Leben insgesamt war, sondern ein Ausnahmebereich. Immerhin sind aus dieser Schule Männer des

Widerstandes und des Neubeginns hervorgegangen, wie z. B. Carl-Friedrich Goerdeler, Konrad Adenauer und Ernst Reuter.

Laut Sebastian Haffner sind die Deutschen spätestens seit dem Herbst 1918 ein politisch gemütskrankes Volk. Seit dem Ersten Weltkrieg haftet der politischen Vernunft in Deutschland eine Tradition der (bürgerlichen) Feigheit an. Und die ungewöhnliche Fähigkeit zum Selbstbetrug und zum Realitätsverlust hängt u. a. mit der tiefen Abneigung des deutschen Volkes zusammen, sich für seine Politik verantwortlich zu fühlen oder sich darum überhaupt zu kümmern. Nicht umsonst nannte Thomas Mann seine geistreiche Verteidigung der deutschen Kriegspolitik im Ersten Weltkrieg: Betrachtungen eines Unpolitischen. Indem der Deutsche für sich als Person das Recht in Anspruch nimmt, unpolitisch zu sein, also das Recht auf politische Verantwortungslosigkeit, gibt er gleichzeitig auch seiner jeweiligen Regierung einen Freibrief für politische Verantwortungslosigkeit – und fällt dann aus allen Wolken, wenn diese davon Gebrauch macht und ihn die Folgen treffen. Realitäten bzw. Wirklichkeiten, die sich mit den Wünschen der Politik nicht decken, und Möglichkeiten, die nicht der geraden Linie ihrer Erwartungen und Hoffnungen liegen, kurz, Tatsachen, die zu einer grundsätzlichen Überprüfung der Politik nötigen würden, dürfen nicht ausgesprochen, erwogen oder diskutiert werden. Sie sind tabu; ein solches Tabu zu verletzen, ist ein gemeinschaftswidriges Verhalten, es wird im Sinne der „political correctness“ mit gesellschaftlicher Missachtung bestraft. So war es bereits im wilhelminischen Kaiserreich, so ist es heute (zum Beispiel im Rahmen der Schuldenmacherei des Wohlfahrtsstaates und der fatalen Euro-Rettungspolitik) noch genauso.

Der Hang zur Tatsachenverleugnung machte sich auch im Bereich der ökonomisch-gesellschaftlichen Theorie bemerkbar: Die historisch bedingte Infektion der deutschen Eliten mit Etatismus, Antiindividualismus und Antikapitalismus war nämlich die Ursache für das Aufkommen der aller Wissenschaft hohnsprechenden deutschen „Historischen Schule“, vor allem der „Jüngeren Historischen Schule der Nationalökonomie“.

Die klassische Nationalökonomie basiert auf dem Prinzip des methodologischen Individualismus. Der methodologische Individualismus geht, wenn er Erkenntnisse über Art, Gründe und Folgen ökonomischer Abläufe gewinnen will, vom Handeln, von den Handlungsmotiven und von den Wertschätzungen der Einzelindividuen aus. Und das ist das Gegenteil vom etatistischen Geist im Rahmen des kartesianischen Rationalismus, mit seiner Überhöhung des Kollektivs in Form egalisierter Gemeinschaft und des idealisierten Staates.

Deshalb mussten die seinerzeit staatsgläubigen Gelehrten auf eine andere Methode der Erkenntnisgewinnung ausweichen. Weil in der Ökonomie aber jede andere Methode einem Erkenntnisgewinn entgegensteht, blieb der „Historischen Schule“ gar nicht weiteres übrig als zu glauben und zu behaupten, die Anhäufung von Einzeldaten und Detailfakten sei bereits permanenter Erkenntnisfortschritt.

Die „Historische Schule der Nationalökonomie“, die auch den Namen „Kathedersozialismus“ trägt, steht für eine Art von nationalem Sozialismus und verbreitete ihre Wirkung vor allem in der Mitte des 19. Jahrhunderts. Bereits um die Wende vom 18. zum 19. Jahrhundert hatte in Deutschland – als Reaktion auf Renaissance und Humanismus, vor allem aber als Ablehnung der Aufklärung – die rückwärtsgerichtete Romantik ihre Wirkung verbreitet. Dies betraf auch die Nationalökonomie, wo sie schon wegen ihres unwissenschaftlichen Ansatzes nichts verloren hatte. Diese romantische Volkswirtschaftslehre blieb denn auch auf Deutschland beschränkt. Nur hier blieb der Blick rückwärtsgerichtet, man schwärmte von den mittelalterlichen Wirtschaftsstrukturen mit ihren ständischen und zünftischen Ordnungen, die selbst heute noch in Deutschland eine Rolle spielen. Bedeutendster Vertreter dieser Romantik war Adam Müller (1779 - 1829). Der damals jedem Bildungsbürger bekannte Wirtschaftspolitiker Friedrich List (1789 - 1846) trug mit seinen seltsamen Produktivitäts-, Wert- und Außenhandelslehren noch mehr zur Verfinsterung der deutschen Nationalökonomie bei.

Noch kritischer muss man die Vertreter der so genannten „Älteren Historischen Schule" sehen: Wilhelm Roscher, Bruno Hildebrand und Karl Knies. Sie einte die Ablehnung jeglicher ökonomischer Gesetzmäßigkeiten. Alles wirtschaftliche und gesellschaftliche Geschehen müsse man laut ihrer Überzeugung in den jeweiligen historischen und nationalen Kontext stellen. Erst dann könne man jeweils vom zeitlich, national und regional spezifischen Ablauf auf ein halbwegs brauchbares Allgemeines schließen. Diese in der Erkenntnistheorie „Induktion" genannte Methode ist, wie später Karl Popper belegte, völlig unbrauchbar. Ein weiterer geistiger Absturz folgte mit der so genannten „Jüngeren Historischen Schule" unter ihrem bekanntesten Vertreter Gustav Schmoller (1828 - 1917).

Jetzt wurden die bemerkenswerten Fortschritte der ökonomischen Theorie, die in den zwei vorangegangenen Jahrhunderten in England und später dann auch in Österreich („Österreichische Schule der Nationalökonomie") erzielt worden waren, gänzlich abgelehnt. Stattdessen begann man damit, eine unübersehbare Fülle von historischen Einzelbeschreibungen und statistischen Daten anzuhäufen, wobei das Wesentliche unter den Bergen von Detailschilderungen regelrecht begraben blieb. Hier liegt auch ein Grund dafür, dass gerade die deutschen Ökonomen jener Zeit dem aufkommenden Marxismus so wehr- und ratlos gegenüberstanden. Zur „Jüngeren Historischen Schule" zählten außer Gustav Schmoller vor allem auch Georg von Schanz, Eberhard Gothein, Wilhelm Stieda, Lujo Brantano und Georg Friedrich Knapp. Zwar gab es markante Unterschiede zwischen ihnen, aber einig waren sie sich alle in der Forderung nach staatlicher Sozialpolitik.

Von den Sozialisten wurden sie verächtlich als „Zuckerwassersozialisten" (Rodbertus) und von den Liberalen als „Kathedersozialisten" (Oppenheim) tituliert. Obwohl sich die „Kathedersozialisten" selber nicht als Sozialisten im eigentlichen Sinne betrachteten, hatten sie doch jahrzehntelang den akademischen Nachwuchs zum Sozialismus erzogen und damit das nachrückende Beamtentum in diesem Geiste geprägt.

Und wo sozialistisches Gedankengut nicht im Vordergrund stand, da dominierte der über allem schwebende Etatismus, also die Staatsgläubigkeit und Staatsglorifizierung. Den Deutschen liegt laut Sebastian Haffner an einem stabilen Staat mehr als an der Demokratie, die sie nur solange schätzen, wie sie ihnen einen stabilen Staat beschert.

Auf der Grundlage dieser ideengeschichtlichen Prägung der Deutschen entstand eine grundsätzliche Abneigung gegen Liberalismus und Kapitalismus. Stattdessen wurde die Begeisterung für Staat, Kollektiv und Nationalismus zu Gemeinplätzen des politischen Denkens. Speziell der Erfolg des Marxismus im politischen Bereich ist letztlich weniger Karl Marx selbst zuzuschreiben als vielmehr der marxistischen Gemütslage der Intellektuellen, sowie der „Handlichkeit" der Marx-Parolen für die Herrschaftsgelüste der politischen Eliten (Roland Baader). Der Marxismus in seinen verschiedenen Spielarten wurde zur mächtigsten Geschichtsprophetie bzw. „Geschichtsreligion" (Sebastian Haffner) in Deutschland. Was dem Marxismus seine Überzeugungs- und Durchschlagskraft gibt, ist, dass er mit seinem historischen und dialektischen Materialismus ein scheinbar unfehlbares wissenschaftlich-historisches Bezugssystem anbietet, mit dem sich, wenn man es akzeptiert, der jeweilige Standort in der Geschichte exakt bestimmen lässt ... und ebenso der nächstfällige Schritt. Eine vergleichbare Wirkungskraft zog allerdings auch der Nationalsozialismus aus seiner ebenfalls vergleichbaren Geschichtsdeutung.

Für Marx ist alle Geschichte eine Geschichte von Klassenkämpfen. Für Hitler war alle Geschichte eine Geschichte von Rassenkämpfen um Lebensraum. Und das hat seinerzeit einer ganzen Generation blendend eingeleuchtet, auch dafür sind damals viele Millionen mit Überzeugung in den Tod gegangen. Alle großen Geschichtssystematiker und Geschichtspropheten basieren in irgendeiner Form auf Hegel, der als erster den verführerischen Gedanken verkündete, dass Geschichte eine Gesetzmäßigkeit, ein inneres System, einen Sinn habe, dass sich, in seinen Worten, der Weltgeist in der

Geschichte verwirkliche. Auch dass er es mittels eines dialektischen Prozesses tue, glaubte Hegel herausgefunden zu haben.

Die spezifische deutsche Geistesgeschichte lieferte einen fruchtbaren Boden für diese Ansichten. Das Gemisch aus Nationalismus und romantischer Deutschtümelei ließ den Liberalismus, den Freihandel und den Kapitalismus als angelsächsische oder „englisch-imperialistische" Idee erscheinen, deren Ablehnung die deutschen Konservativen in eine antiwestliche, ja antizivilisatorische Stimmung trieb. Da die intellektuelle Elite in Deutschland das „englisch-amerikanische Kommerzdenken" verabscheute, brachte sie dem deutschen, fleißig seinen Geschäften nachgehenden, Bürgertum nur Verachtung entgegen. Deutlich zeigte sich diese Gefühlslage in der so genannten „Konservativen Revolution", die sich nach dem Ersten Weltkrieg erhob.

Der Begriff „Konservative Revolution" wurde erst im Nachhinein geprägt. Es handelt sich demnach um eine Zuordnung vieler unterschiedlicher ideologischer Gruppierungen zu einer geistesgeschichtlichen Gesamtströmung. Es ging um die gemeinsame entschiedene Ablehnung „westlich-liberaler" Ideen, des Kapitalismus und des „satten Bürgertums". Dabei gab man sich zugleich mehr oder weniger als Anhänger des Sozialismus zu erkennen, eines „deutschen" Sozialismus freilich, von dem die unterschiedlichsten Versionen kursierten. Die ganze Strömung hatte auch eine heroische Komponente, die schon beim Ausbruch des Ersten Weltkrieges eine Rolle spielte – nämlich als die Erhebung der aristokratischen, heldenmütigen, edleren und idealistischen Kräfte Deutschlands gegen das materialistische („liberale"), träge und selbstzufriedene Bürgertum.

Das Verhängnis der deutschen Geistesgeschichte spiegelt sich vor allem in der Person Werner Sombart wider, der ganz maßgeblich zur geistigen Deformation der Deutschen zu jener Zeit mit beigetragen hat. Kein Intellektueller jener Zeit, dem der Name Sombart und dessen Werk nicht bekannt gewesen wären.

Sombart, Professor für Wirtschaftswissenschaften, war in wichtiger Position beim Verein für Socialpolitik und Vorsitzender der Deutschen Gesellschaft für Soziologie. Er hat 23 Bücher veröffentlicht. In seiner Widmung „Euch jungen Helden draußen vor dem Feinde“ formuliert er seine Hauptthese: Was im laufenden Ersten Weltkrieg im Kampfe steht, sei in Wirklichkeit der Held gegen den Händler, der deutsche Heldengeist gegen die englische Krämerseele.

Der deutsche Geist sei von „unermesslicher Überlegenheit“, während die Grundlage allen Engländertums die „unermeßliche geistige Beschränktheit“ dieses Volkes sei. Weiterhin führt Sombart aus, dass die „deutsche Staatsidee“ unvermeidlich zur organischen Ausweitung durch den Völkerkrieg führe. Der Staat sei weder von Individuen gebildet, noch habe er den Zweck, irgendwelche Interessen der Individuen zu fördern. Er sei vielmehr die zur Einheit zusammengefasste Volksgemeinschaft. Sombart scheute nicht einmal davor zurück, über die Friedensgedanken des Immanuel Kants herzufallen, den er als „unrühmliche Ausnahme“ unter den Heldendichtern verunglimpft. Werner Sombart verstieg sich sogar zu der Behauptung, der „Führer“ Adolf Hitler erhalte seine Befehle direkt von Gott, dem Führer des Universums.

Für den Tugendkatalog der freien Gesellschaftsordnung und des freien Marktes, wie ihn der englische Philosoph Herbert Spencer formuliert hatte, nämlich „Achtung vor der Individualität des anderen, Achtung vor den Eigentumsrechten anderer, eheliche Vertragstreue, Rechtschaffenheit und Unabhängigkeitssinn“ hatte Sombart nur Hohn und Spott übrig. Diese Tugenden sind für ihn reine „Krämerphilosophie“ und „Warenhausethik“. Seinen Antikapitalismus steigert Sombart bis zum Hass auf die gesamte westeuropäische Zivilisation.

Natürlich haben sich nicht alle Intellektuellen der konservativen Revolution in solcher Kriegslüsternheit wie Sombart ergangen, aber das verbindende Element war bei nahezu allen der Antikapitalismus, der Antiliberalismus inklusive der Verachtung des Bürgertums, und die Ablehnung des Fortschrittsglaubens der „westlichen Zivilisation“. Nur folgerichtig ist die enge Verbindung zwischen Antikapitalismus und Antisemitismus.

Die deutschen Intellektuellen jener Zeit standen entweder links oder rechts. Im liberalen Bürgertum sahen beide Lager die geistlosen Knechte des profitverschwitzten Kapitalismus. Auch gegenüber der Demokratie waren beide Richtungen (mit wenigen Ausnahmen) ablehnend bis feindlich eingestellt.

Den Gedanken des totalitären Staates (statt des demokratischen und liberalen) hat am stärksten der Staatsrechtler Carl Schmitt vertreten. Bedenkt man, dass die geistigen Bewegungen des Sozialismus, Marxismus und Nationalsozialismus ebenso radikal antikapitalistisch und antiliberal waren, ja, dass sogar die beiden großen Staatskirchen tendenziell antikapitalistisch eingestellt waren, und dass darüber hinaus der ehemals nicht revolutionäre Konservatismus sich nach Etablierung der liberalen Weimarer Verfassung regelrecht radikalisierte, so wird einem klar, dass Deutschlands erste Demokratie, die Weimarer Republik, von vornherein keine Überlebenschance hatte, dass es fast ein Wunder war, dass sie überhaupt zustande kam. Im Bürgertum hatte sie durchaus Rückhalt, bei den Intellektuellen aber nicht. Mehr als alle anderen, oft angeführten und die Schul- und Geschichtsbücher füllenden Gründe des Scheiterns, war es die breite Front der antiliberalen und antikapitalistischen geistigen Strömungen, die Weimar zur Totgeburt und den Sieg des Nationalsozialismus zum unabwendbaren Schicksal gemacht haben. Die den Deutschen fehlende liberalistische, freiheitliche Grundhaltung führte letztlich die demokratische Weimarer Republik ins Verhängnis des gleichmacherischen, nationalen Sozialismus der NSDAP. Nach Moeller van den Bruck sollte das „Dritte Reich“ den Deutschen einen Sozialismus geben, der ihrer Natur angepasst und von den liberalen Ideen des Westens nicht verunreinigt war. Und das tat es auch. Und dabei war es offenbar nicht schwer, der großen Masse das selbstständige Denken abzugewöhnen.

Um die Minderheit, die sich ihre Urteils- und Kritikfähigkeit bewahrt hatte, kümmerten sich dann die Schergen des NS-Staates, an denen es wahrlich keinen Mangel gab.

Der Nationalsozialismus stand schon vor dem Ersten Weltkrieg geistig fertig da. Er ist in erster Linie wohl nicht ein Produkt von Krieg, Hunger und des Vertrages von Versailles, wie Ludwig von Mises feststellte. Alle Ideen des deutschen Nationalismus und Kollektivismus sind nämlich schon lange vor 1914 erdacht worden. Den Schriften und Reden von Hitler, Goebbels, Göring, Rosenberg, Feder, Spann, Spengler, Sombart und allen übrigen Nationalsozialisten ist nichts hinzuzufügen gewesen. Alles hatten schon Langbehn, Lagarde, Treitschke, Schmoller, Rohrbach, Hasse, Class, Naumann, Bernhardi und viele andere vorher klar und vollständig dargelegt.

Als 1933 die Hitler-Regierung den Kampf gegen die freie Wirtschaft aufnahm, fing es damit an, dass man diese als „liberalistisch" in den öffentlichen Meinung zu diskreditieren suchte und endete schließlich in einem totalitären kollektivistischen Staat (Eugen Schmalenbach). Der deutsche Anti-Liberalismus fand in der Vereinigung von Nationalismus und Sozialismus im Dritten Reich dann fast folgerichtig seinen grausamen Höhepunkt. (Die schäbige SED-Diktatur setzte nach dem Zweiten Weltkrieg den Kollektivismus dann noch fast 30 Jahre in der DDR fort.)

Die Tatsache, dass der deutsche Antisemitismus und Antikapitalismus denselben Ursprung haben, ist von großer Bedeutung für das damalige verhängnisvolle Geschehen. Die publizistischen Reaktionen auf den wirtschaftlichen Einbruch 1873 waren nämlich eine Kakophonie von Anschuldigungen und Verdächtigungen. Dabei kristallisierten sich zwei Gruppen heraus, die als Hauptschuldige der Krise identifiziert wurden: die Verfechter des ökonomischen Liberalismus und die traditionellen Sündenböcke in Zeiten wirtschaftlicher Misere, die Juden.

Vor allem in populären Polemiken wie Otto Glagus Artikelserie „Der Börsen- und Gründungsschwindel in Berlin und in Deutschland", die von 1874 bis 1876 im Familienblatt *Gartenlaube* erschien, wurde das wirtschaftsliberale Prinzip jüdischer Konspiration zugeschrieben (Johannes Willms).

In Deutschland wie in Österreich war der Jude zur Verkörperung des Kapitalismus geworden, weil kommerzielle Betätigung von breiten Schichten herkömmlicherweise nicht geschätzt und daher einer Gruppe umso zugänglicher wurde, die von den angesehenen Berufen praktisch ausgeschlossen war. Es ist die alte Geschichte der Fremdenrasse, die nur zu den minder geachteten Erwerbszweigen zugelassen und dann um so mehr dafür gehasst wird, dass sie sich in ihnen erfolgreich betätigt. Dass in Deutschland die Juden zur Rolle des Feindes kamen, war genauso wie die Stigmatisierung der Kulaken (Kleinbauern) in Russland das Ergebnis der antikapitalistischen Strömung, auf der die ganze Bewegung beruhte (Friedrich A. von Hayek). Irgendein Feind, ein innerer wie der „Jude" oder der „Kulak" oder ein äußerer, ist ein unentbehrliches Instrument im Arsenal eines jeden totalitären Führers. Und es ist fast ein Gesetz der menschlichen Natur, dass es leichter ist, sich auf ein negatives Programm, den Hass gegen einen Feind oder den Neid auf Bessergestellte zu einigen als auf eine positive Aufgabe.

Der englische Schriftsteller und Auslandskorrespondent F. A. Voigt kam 1939 zu dem Schluss, dass der Marxismus zum Faschismus und zum Nationalsozialismus geführt hat, weil er in allen wesentlichen Punkten Faschismus und Nationalsozialismus zugleich ist. Peter Drucker schrieb im gleichen Jahr: „Der vollständige Bankrott des Glaubens, man könne zur Freiheit und Gleichheit durch den Marxismus gelangen, hat Russland auf denselben Weg zu einem totalitären, rein negativen und nicht-ökonomischen Gesellschaftssystem der Unfreiheit und Ungleichheit getrieben, den Deutschland gegangen ist."

Charakteristisch ist diesbezüglich der Verlauf der geistigen Entwicklung bei vielen Führern des Nationalsozialismus und des Faschismus. Jedem, der den Aufstieg dieser Bewegungen in Italien oder Deutschland betrachtet, ist die große Zahl von führenden Männern, von Mussolini abwärts auffällig, die als

Sozialisten begannen und als Faschisten geendet haben. Es verdient in diesem Zusammenhang Erwähnung, dass Hitler (einerlei aus welchen Gründen) in einer seiner öffentlichen Reden noch im Februar 1941 erklärte: „Nationalsozialismus und Marxismus sind im Grunde dasselbe".

Es war in Deutschland bezeichnend, dass ein junger Kommunist ziemlich leicht zum Nationalsozialismus bekehrt werden konnte und umgekehrt. Für beide ist der wahre Feind, der Mensch, mit dem sie nichts gemeinsam hatten und den zu überzeugen aussichtslos war: der Liberale alter Schule. Sie wussten beide nur zu genau, dass es mit den Liberalen, welchen es mit dem Glauben an die Freiheit ernst war, keinen Kompromiss geben konnte. Die Gedankenwelt des klassischen Liberalismus genießt nicht zufällig die Auszeichnung, die von Hitler bestgehasste Lehre zu sein.

Prägend für Hitlers politische Gedankenwelt war in seiner Jugend die Alldeutsche Partei in Wien, die sich unter anderem sehr stark durch den legendären Bürgermeister und Volksredner Karl Lueger (1844 - 1910) auszeichnete. Lueger war in seinem Hass gegen die „Judenliberalen" unerbittlich. In Deutschland sind dann Nationalismus und Sozialismus schon vor und nach dem Ersten Weltkrieg die vorherrschenden ideologischen und gesellschaftspolitischen Strömungen gewesen. Die NSDAP führte beide Stränge dann geschickt zusammen.

Ludwig von Mises hat dargelegt, dass von den zehn Programmpunkten, die Karl Marx (1818 - 1883) im *Kommunistischen Manifest* entwickelte, acht im Dritten Reich vollständig verwirklicht wurden. Nationalsozialismus und Marxismus stimmen in ihrer Gegnerschaft gegenüber dem Liberalismus und in der Ablehnung der kapitalistischen Gesellschaftsordnung vollkommen überein. Man kann nicht oft genug darauf hinweisen, dass Antikapitalismus und Antisemitismus miteinander verknüpft sind. Der „Judenhasser" Karl Marx, Enkel eines Rabbiners und Sohn eines zum Protestantismus konvertierten jüdischen Rechtsanwalts, lehnte das Christentum ebenso scharf ab wie das Judentum. „Dass er Jesuiten noch weniger leiden konnte als Juden, schmälert nicht seinen Beitrag zur Geschichte des Antisemitismus", heißt es bei Henryk Broder. Indem Marx das Judentum mit Geld gleichsetzt, gibt er dem Antisemitismus das entsprechende Alibi: Wer den Kapitalismus bekämpfen will, muss bei den Juden anfangen. (Nebenbei bemerkt: Es gehört zu den „vergessenen" Tatbeständen, dass es unter den Sozialisten auch eine nicht unbedeutende Anzahl gab, die seinerzeit den Sozialismus durch eine progressive Rassenpolitik zu verwirklichen suchten.

In seinem Hauptwerk *Ein Pangermanisches Deutschland* legte zum Beispiel Josef Ludwig Reimer (1879 - 1955) sein Bedürfnis, sozialistische Weltbeglückungsideen über den Rassengedanken durch ein germanisches Weltreich zu verwirklichen, ausführlich dar. Diese Publikation erfolgte im Umfeld eines Lehrers, des Arztes Ludwig Woltmann (1871 - 1907). Von diesem einst aktiven Sozialdemokraten stammt der Versuch, den Marxismus mit dem Darwinismus zu vereinigen. Hitler blieb wie einst Reimer und Woltmann der SPD zugetan: „In der Sozialdemokratie leben die rassisch einwandfreiesten deutschen Menschen zusammen.")

Der tiefe, historisch bedingte Antiliberalismus der Deutschen erklärt zu einem nicht geringen Teil das Rätsel, wie ein so altes, erfahrenes Kulturvolk sich einem so geistlosen Barbaren wie Hitler ausliefern konnte und den Holocaust geschehen ließ. Karl Jasper stellte 1962 zum Beispiel fest: „Hitler hat Luthers Ratschläge gegen die Juden genau ausgeführt." Es besteht Grund zu der Annahme, dass die demokratische Stabilität Deutschlands nach dem Zweiten Weltkrieg, auf die so oft mit stolzgeschwellter Brust hingewiesen wird, in Wahrheit lediglich vom ökonomischen Erfolg gewährleistet wird. Denn anders als England oder die Vereinigten Staaten besitzt Deutschland keine eigenständige, in Generationen gewachsene und behauptete Tradition der Freiheit.

Mit Blick auf die Wiedervereinigung Deutschlands hat der marxistische Philosoph André Gorz (1923 - 2007) darauf hingewiesen, dass die Ereignisse belegen, dass die Idee der Freiheit in Deutschland „keine Heimstadt" hat. Schon Theodor Heuss (1848 - 1963) hatte vom kleinmütigen und unreflektierten Antiliberalismus vieler Menschen in Deutschland gesprochen. Von General Lucius D. Clay ist der Ausspruch überliefert: „Die Deutschen haben stets einen Hang zum Staat und zum Sozialismus, weil sie lieber in Reglementierungen als in Ordnungen denken.“ Die totalitären kollektivistischen Staaten, in denen sich die utopischen Ideologien des 20. Jahrhundert manifestiert hatten, endeten alle in Krieg, Zerstörung, Hunger und Zusammenbruch. Die kollektivistischen Ideologien selbst aber haben merkwürdigerweise überlebt, ja sie wirken scheinbar immer weiter. Eigentlich sollte zumindest den Deutschen jegliche Zuneigung zum Kollektivismus vergangen sein. Doch weit gefehlt! In Anlehnung an Goethe mag man sagen: „So lange der kollektivistische Wahn währt, besitzt er eine unüberwindliche Anziehungskraft.“

Die Ursache für die gefährliche geistige Verankerung von Etatismus, Nationalismus und Kollektivismus im Denken der Deutschen liegen vor allem auch in den geistigen Strömungen des 18. und 19. Jahrhunderts, die, trotz der inzwischen eingetretenen katastrophalen Folgen des Kollektivismus, auch heute noch weiterhin ihre verhängnisvolle Wirkung in den Köpfen vieler Menschen verbreiten. Die romantische Gesinnung der Deutschen hat die Aufklärung schon sehr frühzeitig „coupiert“. (Johannes Gross) Dazu mag es passen, dass die Deutschen sich bis heute noch wiedererkennen in einer Figur, die nichts Erwachsenes an sich hat, nämlich im deutschen Michel, der sich in der sozialen Realität nicht zurechtfindet und dessen Haupteigenschaft die verträumte Naivität ist. Seine privaten Gefühle ordnet er selber den öffentlichen Gefühlen unter. Er ist auch nicht wie andere Nationen zur Selbstironie oder zu einem gewissen Zynismus gegenüber der Gesellschaft aufgelegt. Und deshalb gibt es dieses typisch deutsche Unvermögen, sich gegenüber den Enttäuschungen der Politik anders als entrüstet und empört zu zeigen. Und so ist Deutschland, historisch als das Land der freiwilligen Hilfspolizisten und Spitzel bekannt, eine zuweilen unangenehm pädagogische Gesellschaft, in der beinahe jedermann jeden anderen über alles zu belehren begehrt. Es herrscht ein Maß an Volkspädagogik, an Indoktrination sozialkonformer Gesinnungen, die so beispiellos ist wie effizient, weil sie sich (ironischerweise) in einem Klima der politischen Freiheit abspielt. Der Fachbegriff dafür lautet „Betreuung“. Es ist derjenige Terror, für den der terrorisierte Bürger noch dankbar zu sein hat – er bezahlt ihn ja schließlich auch.

Als politische Kraft ist der klassische Liberalismus in Deutschland heute praktisch nicht mehr vertreten. Die „liberale“ FDP hat spätestens im Rahmen der Schulden- und Eurokrise durch ihr klägliches Versagen den letzten Kredit verspielt.

Es ist ein trauriges Urteil über unsere Zeit, dass – vielleicht als Ergebnis der internationalen Katastrophen des 20. Jahrhunderts – die meisten Menschen keinen Mut mehr haben, ohne ein festes politisches Bekenntnis ihren eigenen Einsichten nachzuleben. Überbordende Staatsschulden und das Euro-Desaster prägen das heutige Europa. Die christlich-abendländische Tradition und ihre Werte spielen längst keine prägende Rolle mehr, das geistige Fundament der Aufklärung hat sich verflüchtigt. Die westlichen Wohlfahrtsstaaten definieren sich scheinbar nur noch durch einen krassen und oberflächlichen Materialismus. Eigenständiges Denken und Handeln eines freien und selbstverantwortlichen Individuums ist dem gelenkten und genormten Sozialstaats-Untertan gewichen. Die einst marktwirtschaftlich geprägte Bundesrepublik verkommt langsam aber sicher zu einer „DDR-light“.

Friedrich A. von Hayek warnte ausdrücklich vor den totalitären Tendenzen des überzogenen Wohlfahrtsstaates, der um „soziale Gerechtigkeit“ bemüht ist. Eine freiheitliche Ordnung kann auf Dauer nur bestehen, wenn auch im sozialen Bereich ein Höchstmaß an Freiheit, privater Initiative und Selbsthilfe gewährleistet ist. Eine wuchernde Umverteilungs- und Regelungsbürokratie erstickt die Hilfsbereitschaft primärer Sozialverbände: der Familien, Nachbarschaften, Kollegen, Vereine, Verbände usw. Die spontane Hilfsbereitschaft kann laut Arnulf Baring nicht überleben, sobald man allgemein Behörden für zuständig definiert und hält. In Anlehnung an den

Historiker Arnold Toynbee (1889 - 1975) muss man wohl konstatieren, dass sozialstaatliches Wohlergehen in gewissem Sinne zivilisationsfeindlich ist. Denn der finanziell ausgepowerte Sozialstaat kann am Ende gerade den wirklich Bedürftigen nicht mehr helfen. „Denn eine reiche Regierung kann und muss den Untertanen helfen, eine verschuldete aber kann niemandem beistehen." (Friedrich II.)

Quellen:

Christoph Braunschweig: Wohlfahrtsstaat – leb wohl!, Münster/Berlin 2013

Susanne Kablitz: Bis zum letzten Atemzug, Tönisvorst 2015

Gustave Le Bon: Psychologie der Massen, Stuttgart 1953

Joachim Fest: Die schwierige Freiheit, Berlin 1993

Johannes Gross: Phönix in Asche, Stuttgart 1989

Johannes Gross: Unsere letzten Jahre, Stuttgart 1981

Sebastian Haffner: Die sieben Todsünden des Deutschen Reiches im Ersten Weltkrieg, Köln 1981

Michael Klonovsky: Jede Seite ist die Falsche, Lichtschlag Nr. 11, Düsseldorf 2008

Heinz Pentzlin: Die Ursachen der Revolten gegen die Marktwirtschaft, in: Marktwirtschaft und Soziale Verantwortung, Hrsg.: Bodo B. Gemper, Bd. 4, Köln 1973

Josef Ludwig Reimer: Ein Pangermanisches Deutschland. Versuch über die Konsequenzen der gegenwärtigen wissenschaftlichen Rassenbetrachtung für unsere politischen und religiösen Probleme, Leipzig 1905

Ludwig Woltmann: Die Darwinsche Theorie und der Sozialismus. Ein Beitrag zur Naturgeschichte der menschlichen Gesellschaft, Düsseldorf 1899

Die irrationale Kritik an Kapitalismus und Marktwirtschaft

Kapitalismus und Marktwirtschaft haben der Menschheit erstmals in der Geschichte Massenwohlstand, persönliche Freiheit und Frieden gebracht. Es gibt zweifelsohne keine andere Gesellschaftsordnung der Freiheit als die Marktwirtschaft. Denn der Aufbau einer freien Wirtschafts- und Gesellschaftsordnung kann logischerweise nur im Rahmen einer freien Marktwirtschaft erfolgen. Die kollektivistische Zentralplanwirtschaft ist hingegen eine vollendete ökonomische Diktatur (Wilhelm Röpke), die letztlich ohne eine gleichzeitige politische Diktatur mitsamt ihren Zwangsmitteln überhaupt nicht vorstellbar ist. Die staatliche Zentralplanwirtschaft ersetzt dem kybernetischen Selbstanpassungsprozess des Marktes und seines Preissystems durch behördliches Kommando und sollte daher im Interesse der Klarheit als „Kommandowirtschaft“ (Wilhelm Röpke) bezeichnet werden. Die Marktwirtschaft ist eine funktionierende Wirtschaft derjenigen, die es angeht; die kollektivistische „Kommandowirtschaft“ ist die nicht funktionierende Wirtschaft derjenigen, die es nicht angeht, also der Funktionäre bzw. der „Nomenklatura“.

In der kapitalistischen Marktwirtschaft müssen sich die Waren Käufer suchen, im Sozialismus müssen sich die Leute Waren suchen (Karl Braunschweig). Wenn die Nachfrage nach Waren oder Dienstleistungen eines privaten Unternehmens ansteigt, so ist dieses hocherfreut und erweitert sogleich seine Produktion, um den wachsenden Bedarf in seinem eigenen Gewinninteresse zu decken. In einer staatlichen Zentralplanwirtschaft hingegen drängt oder zwingt der Staat in dieser Situation die Konsumenten dazu, weniger nachzufragen, lässt Mangel entstehen, verschlechtert die Produktqualität und führt vor allem ein Zuteilungs- bzw. Rationierungssystem ein, in welchem dann persönliche Beziehungen zu Funktionären über den Bezug entscheiden.

Die freie Marktwirtschaft sowie die Spezialisierung und Arbeitsteilung, die sie mit sich bringt, ist die einzige effiziente Wirtschaftsform. Zugleich ist sie sozial, weil sie durch ihre höchstmögliche Effizienz überhaupt erst die Mitversorgung von sozial Schwachen mit Gütern und Dienstleistungen ermöglicht. Die faktische Überlegenheit der kapitalistischen Marktwirtschaft gegenüber jeder anderen Form von Wirtschaft und Gesellschaft kann nicht bestritten werden.

Die Kritik bzw. Ablehnung richtet sich daher gegen das „Establishment" als Ganzes. Es handelt sich um einen psychologisch tief greifenden Protest gegen die „Industriegesellschaft". Mit dem erstaunlich schnellen Wiederaufbau und Erstarken der deutschen Wirtschaft nach dem Zweiten Weltkrieg stellte sich keineswegs allenthalben eine größere Zufriedenheit ein. Im Gegenteil: Die Ansprüche nahmen nur noch stärker zu, und selbst die Erfüllung der erhöhten Ansprüche brachte nicht das zu erwartende Glücksgefühl, sondern ein „Unbehagen". Mit erstaunlicher Zähigkeit hält sich dieses Unbehagen am Wohlstand im bundesdeutschen Empfinden. Natürlich, dieses Unbehagen ist eigentlich unvernünftig und unberechtigt, doch es dauert fort. Mit wirtschaftlichen Leistungen allein kann es offenbar nicht beseitigt werden. Deshalb stellt sich die Frage: Liegt in der Marktwirtschaft, oder ist mit der Marktwirtschaft ein Fehler verbunden, ein Mangel, der zugleich mit ihren wirtschaftlichen Leistungen ein irrationales Unbehagen entstehen oder wachsen lässt? Gibt es tatsächlich Anlass zur Kritik?

Die Thesen der Kritiker, die Kapitalismus und Marktwirtschaft grundsätzlich ablehnen, lassen sich wie folgt zusammenfassen:

1. Der Spätkapitalismus sei die Endphase des Kapitalismus vor seinem Zusammenbruch.

2. Das spätkapitalistische System sei irrational und inhuman, die Einkommen total ungleich verteilt.

3. Die moderne Industriegesellschaft verhindere die freie Selbstentfaltung des Menschen durch Manipulation, Repression und Konsumterror.

4. Das Establishment sei der Erfüllungsgehilfe des Großkapitals zur Unterdrückung der unmündigen Massen.

5. Die lohnabhängigen Massen seien derart manipuliert, dass sie für eine sozialistische Umgestaltung der bestehenden Verhältnisse nicht mobilisierbar sind.

6. Die Intellektuellen durchschauen am ehesten die totale Manipulation und müssten daher die unmündigen Massen gegen das spätkapitalistische System mobilisieren.

7. Intoleranz gegenüber Reaktionären und die gewaltsame Durchbrechung der etablierten Spielregeln seien zur Schaffung des richtigen Bewusstseins erforderlich.

8. Die Unterstützung der revolutionären Befreiungsbewegungen in den Dritten Welt durch das antiautoritäre Lager sei notwendig, weil deren Sieg die sozialistische Revolution in die Metropolen tragen werde.

An diesen Thesen ist bemerkenswert, wie an der alten Kapitalismus-Kritik festgehalten wird, obwohl nicht bestritten werden kann, dass sich die gesellschaftlichen Verhältnisse unter dem Kapitalismus völlig gewandelt haben – und zwar in entgegengesetzter Richtung als es die Kapitalismuskritiker mit Karl Marx an der Spitze angenommen hatten. Es ist zu keiner Verelendung der Massen, sondern in den kapitalistischen Ländern zu einem Massenwohlstand gekommen. Auch der Hinweis auf das fortbestehende Elend in der Dritten Welt bedeutet keine Einschränkung dieser Feststellung; denn die Entwicklungsländer sind ja vor allem deshalb notleidend, weil dort kein Kapitalismus, keine entwickelte Marktwirtschaft besteht. Da von keiner sichtbaren Not der Massen in den Ländern mit kapitalistischer Marktwirtschaft gesprochen werden kann, wird eine Gedankenwendung vorgenommen, nach der auch ohne wirtschaftlichen

Mangel weiterhin „Repression“ bestehe und diese Repression sogar noch schlimmer sei als ein niedriger Lebensstandard; die Gesellschaft bleibe, auch ohne Mangel und ohne äußeren Zwang, „inhuman“.

Der Kampf für den Sozialismus kann also nicht mehr mit dem Kampf gegen das Elend begründet werden.

Der größte Fortschritt, der unter dem Kapitalismus für die Entfaltung der Persönlichkeit in der gesamten Bevölkerung erreicht wurde, kann wohl darin gesehen werden, dass durch ihn die demokratische Staatsform entstanden ist, die allen Staatsangehörigen Freiheit und Wohlstand gebracht hat. Freiheit war und ist in anderen Wirtschafts- und Gesellschaftssystemen geknüpft an Eigentum und bevorrechtigter Stellung. Erst unter dem Kapitalismus, in dem das Eigentum eine so wichtige Rolle spielt, hat auch der Eigentumslose die Freiheit gewonnen. Überall, wo sich das Modell der Marktwirtschaft durchgesetzt hat, sind Hunger und Not überwunden, die Armut der Massen durch Massenwohlstand abgelöst. Der Facharbeiter hat heute einen Lebensstandard, der, wenn auch in gewandelten Formen, durchaus dem Lebensstandard der so genannten Oberschicht zur damaligen Zeit entspricht.

Seine Nahrung ist der Menge, Reichhaltigkeit und Qualität nach selbst für Fürsten der damaligen Zeit unvorstellbar. Der „Klassenunterschied“ in der Kleidung ist weitgehend verschwunden. Auch hinsichtlich Freizeit, Urlaub und Gesundheit haben sich die Verhältnisse dramatisch verbessert.

Mit dem Kapitalismus ist die Menschheit in ein Wirtschaftssystem eingetreten bzw. hineingestolpert, das volle demokratische Freiheit und Gleichheit mit persönlichem Eigentum verbindet. Gleichzeitig haben in den Ländern mit Marktwirtschaft breite Bevölkerungsschichten in einem nie gekannten Umfang Eigentum erworben. Zwar haben die nichtselbstständigen Erwerbstätigen verhältnismäßig wenig Eigentum an Produktionsmitteln gewonnen, weil sie anderen Eigentumsarten wie zum Beispiel Sparguthaben,

Lebensversicherungsverträgen, Eigentumswohnungen, Häusern, langlebigen Verbrauchsgütern den Vorzug geben. Aber auch das Eigentum an Produktionsmitteln ist, wie schon die Verteilung des Aktienbesitzes in den meisten marktwirtschaftlichen Ländern zeigt, wesentlich breiter gestreut. Die durchschnittliche Lebenserwartung ist in Ländern mit kapitalistischer Marktwirtschaft signifikant höher, die Säuglingssterblichkeit umgekehrt wesentlich niedriger als in den Ländern mit sozialistischer Wirtschafts- und Gesellschaftsordnung.

Die Ursache für die fortwährende Kritik am Kapitalismus liegt ganz offensichtlich im Irrationalen, mehr im Unbewussten, als es das bewusste Denken wahrhaben will. Das auf Privateigentum und Wettbewerb gegründete wirtschaftliche Handeln stößt auf tief verwurzelte Ressentiments, die, ungeachtet aller Vorteile dieses Wirtschaftssystems, ein Unbehagen und Ablehnung erzeugen. Ein Versäumnis, das Joseph A. Schumpeter zum Beispiel für sehr wichtig hält, liegt darin, dass die Funktionszusammenhänge der Marktwirtschaft für den menschlichen Verstand nicht nachvollziehbar sind. Und der Mensch neigt dazu, alles, was er nicht unmittelbar durchschaut, rein instinktiv abzulehnen.

Demgegenüber verstehen es die Sozialisten, ihre zentralplanwirtschaftlichen und ideologisch verbrämten Lehren überzeugend darzustellen. Ludwig von Mises wies in diesem Zusammenhang darauf hin, dass das Verständnis der Marktwirtschaft eine sehr tiefe ökonomische Bildung voraussetzt, die bei den meisten Menschen (insbesondere Politiker und Intellektuelle) eben nicht vorhanden ist. Und das Halbverstandene und Halberfahrene ist laut Theodor Adorno nicht die Vorstufe zur Bildung, sondern ihr Todfeind. Wer sonst nicht viel in der Welt zu bestellen hat, hat wenigstens zu allem eine feste Meinung. „Deutschland ist das Land, in dem die typisch Halbgebildeten anmaßend sind“. (Karl Braunschweig)

Ein weiterer Punkt ist in der Entwicklung der Kultur zu beachten: Man findet von Anbeginn der Kultur immer wieder eine ausgesprochene Abneigung gegen Reichtum, Besitz und Gewinnstreben. Die bekanntesten Beispiele sind der Bibel zu entnehmen, die den Zugang zum Himmelreich den Reichen kaum möglich erscheinen lässt. Und Martin Luther hebt in seinem Sermon „Von Kaufhandlung und Wucher" das Wort Pauli 1. Tim. 6.9 hervor: „Welche reich wollen werden, die fallen dem Teufel in den Strick und viele unnütze, schädliche Begierde, welche die Leute versenken ins Verderben und Verdammnis."

Für Proudhon ist Eigentum Diebstahl und Dostojewski lässt einer seiner Personen in den „Besessenen" noch weiter gehen. Das Gefühl der ursprünglichen Gleichheit ist im Christentum besonders stark verankert, da vor Gott alle Menschen gleich sind. Eigentum schafft Ungleichheit, meinen seine Gegner. Für Rousseau ist der erste, der ein Stück Land einzäunt, der Gründer der Ungleichheit. Eigentum an Produktionsmitteln begründet laut Babeuf ein Herrschaftsverhältnis.

Spätestens seit dem Ersten Weltkrieg findet überall in den westlichen Industrienationen eine schrittweise Abkehr vom Kapitalismus statt. Roland Baader beschreibt dies in seinem Buch *Geld, Gott und Gottspieler* wie folgt: „Was heute Kapitalismus oder Marktwirtschaft genannt wird, ist in Wirklichkeit bereits eine Art von Sozialsozialismus mit einigen kapitalistischen Nischen. Umso erstaunlicher ist es, dass in diesen Nischen noch der gesamte Wohlstand erwirtschaftet werden kann, der verblieben ist, und dass die Produktivität der marktwirtschaftlichen Restkräfte sogar noch ausreicht, die Bereiche zu alimentieren, die in vielen Ländern inzwischen mehr als die Hälfte der Bevölkerung umfassen. In Deutschland beziehen 40 Prozent der Erwachsenen ihr Haupteinkommen vom Staat – die Nettosteuerzahler sind in der Minderheit. Das Rentensystem ist zu 100 Prozent kollektivistisch, das Gesundheitswesen bis zu 90 Prozent. Das Bildungswesen ist fast zu 100 Prozent verstaatlicht. Die Arbeitsmärkte sind staatlich und korporatistisch dirigiert, die Agrarmärkte staatlich gelenkt. Der Wohnungsmarkt ist ebenfalls staatlich dirigiert, der staatliche Rundfunk- und Fernsehbereich wird mit Zwangsgebühren üppig finanziert.

Es gibt mehr als 100.000 Betriebe in öffentlicher Hand. Der Fiskus nimmt den Bürgern zwei Drittel ihrer gesamten Lebensarbeitserträge weg. Dabei handelt es sich nicht nur um ihre direkte Steuer- und Abgabenbelastung auf ihre Einkommen, hinzu kommen die ganzen öffentlichen Lasten verschiedenster Art, wie zum Beispiel von der Grundsteuer über die Kfz-Steuer und die Versicherungssteuer bis zum Dosenpfand, sowie die Mehrwertsteuer, die Tabaksteuer, die Branntweinsteuer und noch ein Dutzend verdeckter Abgaben. Und nicht zu vergessen die in allen Waren und Dienstleistungen enthaltenen Einkommensteuern und Sozialabgaben der Unternehmer, die zumindest teilweise auf die Endverbraucherpreise übergewälzt werden müssen. So gesehen scheut man sich, von Kapitalismus und Marktwirtschaft zu sprechen, wo doch der Sozialsozialismus des Wohlfahrts- und Umverteilungsstaates längst die Oberhand gewonnen hat.“

Was in den pseudomoralischen Empörungsritualen der Massenmedien als „Turbo-Kapitalismus“, „Neoliberalismus“ und „Ellenbogen-Gesellschaft“ verunglimpft wird, ist eine geradezu diabolische Verdrehung der Tatsachen. Nicht der Kapitalismus hat versagt, sondern die Politik des Interventionismus, Etatismus und Sozialsozialismus, die seit Jahrzehnten immer mehr um sich greift und alle ordnungspolitischen Grundsätze über Bord geworfen hat. Nicht noch mehr Staatseingriffe, Planwirtschaft und Staatskapitalismus versprechen Hilfe, sondern allein die Einsicht, dass der Massenwohlstand nur durch mehr Arbeit und durch Bildung von neuem Kapital gesichert werden kann. Es spricht für „nachtschwarze Dummheit“ (Roland Baader), den marktwirtschaftlichen Kapitalismus unablässig politisch abzuwürgen und diese einzig wirklich ergiebige Quelle des Fortschritts endlos mit dem ideologischen Müll partei- und interessenpolitischer Machtkalküle zu überschütten (Roland Baader). Es herrscht ein sozialistisch und protestantisch sozialisiertes Führungspersonal. Die Mehrheit der Bürger stellt „Gerechtigkeit“ im Sinne von materieller Gleichheit über die Freiheit. Man genießt zwar die Früchte der freien Marktwirtschaft, kokettiert aber ständig mit dem kuscheligen Paternalismus. (Cora Stephan) Die psychologischen Beklemmungen und Ängste, die viele Menschen mit der marktwirtschaftlichen Wettbewerbsgesellschaft (Leistungsgesellschaft) empfinden, sind vielfältig und hartnäckig. Ein steigender Wohlstand aller Bürger hebt das allgemeine Wohlbefinden keineswegs.

Den meisten Menschen ist es lieber, sie verdienen 50.000 Euro pro Jahr, wenn Vergleichspersonen 40.000 Euro verdienen, statt dass sie 80.000 Euro verdienen, wenn die anderen 100.000 Euro bekommen. Lieber verdienen sie also insgesamt weniger, als unter Reichen die „Ärmeren“ zu sein. Das ist das „Wohlstandsparadoxon“, die Tretmühle der Lebens(un)zufriedenheit, wie es Wolf Schneider benennt. Je mehr sich die Lebensumstände der Menschen durch allgemeines Wirtschafts- und Wohlstandswachstum angleichen, desto empfindlicher reagieren sie auf die verbleibenden Unterschiede.

Der amerikanische Ökonom John Kenneth Galbraith (1908 - 2006) sagte in diesem Zusammenhang: „Wir sind verletzlicher geworden, seit wir nicht mehr hungern müssen. Wer könnte mit Sicherheit behaupten, der Hunger schmerze mehr als der Neid auf des Nachbarn neuen Wagen?“ Der „soziale Differenzierungstrieb“ (Karl Braunschweig) bewirkt, dass der Erfolg des kapitalistischen Wettbewerbsprinzips nicht zur allgemeinen Akzeptanz und Zustimmung bei den Leuten führt, obwohl sie ihm einen bis dahin nicht gekannten Lebensstandard und persönliche Freiheit zu verdanken haben. Dem Wettbewerbsprinzip im Kapitalismus wohnt eben laut Winston Churchill das „Laster“ der ungleichen Verteilung der Güter inne. Dem Sozialismus hingegen wohnt die Tugend der gleichmäßigen Verteilung der Güter inne, wobei diese gleichmäßige Verteilung der Güter im Endeffekt zur gleichmäßigen Verteilung der Armut führt.

Der Sozialneid ist eine menschliche Ur-Macht, er war es zu allen Zeiten in allen Kulturen. Viele Intellektuelle können sich nur vom sozialistischen Staat die ersehnten Machtstellungen versprechen, die ihnen die Wettbewerbsgesellschaft nicht bietet. Der banale Umstand, dass in einer Marktwirtschaft ein Handwerker mehr Geld verdienen kann als so mancher Intellektueller, macht viele Intellektuelle so unversöhnlich mit der

Marktwirtschaft, zumal sie die dezentrale, unpersönliche Systemintelligenz des Marktes ohnehin nicht verstehen. Und weite Teile der politischen Klasse schüren gezielt den Sozialneid, denn Neid ist politisch leicht organisierbar. Der Sozialneid befeuert den Wunsch nach Gleichheit. Darin liegt wohl auch die geheime Faszination von Bezugsscheinen. Wer Gleichheit herstellen will, bekommt letztlich nicht nur mehr Ungleichheit, er verliert langfristig auch seinen Wohlstand. Vor allem ist der vom Neid befeuerte Egalitarismus laut David Hume im Endeffekt stets auf einen autoritären Polizeistaat angewiesen. Am Ende fordert der Egalitarismus unerbittlich seinen Preis. Und der heißt persönliche Entwürdigung.

Der Markt hingegen schafft sich seine Moral von alleine, sozusagen aus wirtschaftlichem Interesse heraus. Der Markt ist nicht nur ein Wohlstandsgenerator, er zivilisiert und moralisiert gleichzeitig: Nur wer die Bedürfnisse und Wünsche anderer Menschen bestmöglich erfüllt, kann Profit machen und dient damit automatisch der Allgemeinheit, auch wenn das gar nicht sein Antrieb ist. Indem der Egoismus in das Gemeinwohl überführt wird, erzeugt die Marktwirtschaft gleichermaßen Wohlstand und Moral! Wo immer sich die Vorstellungen des kollektivistischen Sozialismus verwirklicht haben, ist die Qualität des Lebens für alle Leute abgesunken – mit Ausnahme der Nomenklatura.

Der sozialistischen Zentralplanwirtschaft gelingt es zum Beispiel nicht, die Umweltverschmutzung in den Griff zu bekommen, wie man in allen diesen Ländern unschwer feststellen kann. Es hat sich gezeigt, dass sich die Probleme des Umweltschutzes in einer kapitalistischen Wettbewerbswirtschaft wesentlich besser lösen lassen. Und für dieses Ziel sind Leistung und Wachstum nicht gefährlich, sondern unbedingt erforderlich. Ohne Wirtschaftswachstum gibt es keine modernen Umweltschutztechnologien.

Sozialistische Zentralplanwirtschaften können keine solchen Technologien entwickeln, sie sind diesbezüglich immer auf die Hilfe kapitalistischer Staaten angewiesen. Die zahlreichen Gegner von Kapitalismus und Wirtschaftswachstum verstehen diese Zusammenhänge nicht. Sie leiden unter der Krankheit „morbus ignorantia“ Die Patienten leiden übermäßig an der Sorge einer ungleichen Verteilung der Güter, verachten die Freiheit und halten „liberal“ für ein Schimpfwort. Sie verlangen staatlich garantiertes Glück und Wohlergehen, Gewinn ohne Risiko, Fremdverantwortung statt Eigenverantwortung, Versorgung ohne eigene Mühe und man betitelt den als „reaktionär“, wer die leeren Hoffnungen als gefährliche Irrungen und Illusionen entlarvt. Selbsttäuschung und Selbstsuggestion beherrschen laut Peter Sloterdijk diese „Staatsgläubigen“ und bewirken ihren inneren psychologischen Zwang zur kapitalistischen Gesellschaftskritik. Das kleinbürgerlich Egalitäre ist ihre Staatsräson. Ignoranz, Respektlosigkeit und Stillosigkeit sind Ausdruck ihrer allgemeinen Wurschtigkeit, die ihre Leistungsfeindlichkeit und der instinktiven Ablehnung jeglichen Wettbewerbs entsprechen. Sie sind beseelt von ihrem krankhaften Reflex, ihre Mitbürger in dauerhafter Steuerknechtschaft und als soziale Untertanen halten zu müssen. Da sie sich damit in innerer Übereinstimmung mit dem von den Massenmedien propagierten Zeitgeist sehen, fühlen sie sich subjektiv in ihrer pseudomoralischen Selbstgerechtigkeit wohl. „Der Antikapitalismus ist das hartnäckigste und am weitesten verbreitete Vorurteil der Weltgeschichte. Bei den Intellektuellen ist er so dominierend, weil er deren Überheblichkeits- und Minderwertigkeitsgefühle zugleich befriedigt.“ (Roland Baader)

Doch in Wahrheit ist der sozial-sozialistische Wohlfahrtsstaat, wie jedes Kollektiv, unmoralisch. Es reagiert nicht auf individuelle Notlagen, sondern auf organisierten gesellschaftlichen Druck. Gewinnen, „das meiste rausschlagen“, können in ihm nur die jeweils mächtigen Interessenverbände. Im Wohlfahrtsstaat wächst das Wohlbefinden der Einzelnen nicht, indem er anderen zu Diensten ist, sondern indem er anderen etwas wegnimmt.

Letztlich ist der Sozialismus ein quasi-religiöses Phänomen. Im wahrsten Sinne eine Religion – allerdings ohne Gott und Moral! Geist ohne Gott ist allerdings nur umnachteter Geist; Sinn ohne Gott nur Irrsinn. Nicht ohne

Grund tritt der Sozialismus überall in Verbindung mit dem Atheismus auf. (Roland Baader)

Tiefenpsychologisch bedeutet Sozialismus „Gewissensentlastung“. Kollektivismus bzw. Sozialismus sind so mächtig und unbesiegbar wie die Dummheit, die Eitelkeit, der Aberglaube und die Furcht – zusammengenommen! (Roland Baader) „Der Sozialismus ist vor allem das leuchtende Symbol für die unaufhörliche Reinkarnation der Dummheit, sein Ornat heißt Wohlfahrtsstaat. Das Geschäftsgebäude des neuen Sozialismus, der Wohlfahrtsstaat, ist nicht nur auf Sand gebaut, er ist auch bis unter die Hohlziegel mit Hypotheken belastet. Er ist, da mit reellen Mitteln nicht finanzierbar, ein Paradies auf Pump. Die Größenordnungen, in denen sich dieser Aberwitz abspielt, werden oft gar nicht verstanden, weil sie das Vorstellungsvermögen des Normalbürgers übersteigen. Die Notenbanken und internationalen Institutionen, die den Sozial-Sozialismus der Wohlfahrtsstaaten durch Gelddrucken finanzieren und den Kapitalismus deformieren und pervertieren, sind Spielkasinos. In ihnen wird unsere Zukunft verspielt. Und nebenbei auch noch die Arbeit unserer Vergangenheit. Bis zum Nichts geht mehr.“ (Roland Baader)

Quellen:

Roland Baader: Fauler Zauber – Schein und Wirklichkeit des Sozialstaates, Gräfeling 1998

Roland Baader: Freiheitsfunken, Lichtschlag Nr. 17, 2 Auflg., Düsseldorf 2012

Roland Baader: Geld, Gott und Gottspieler, 2. Auflg., Gräfeling 2005

Roland Baader: Kreide für den Wolf, Böblingen 1991

Roland Baader totgedacht – Warum Intellektuelle unsere Welt zerstören, Gräfeling 2002

Die Irrtümer der keynesianischen „Mainstream-Ökonomen“

Wenn man sich anschaut, was die Studenten der Wirtschaftswissenschaften heute an den Hochschulen lernen, so fällt einem unschwer auf, dass das Wichtigste fehlt: Sie lernen nämlich nichts mehr darüber, was wirtschaftliche Wirklichkeit tatsächlich ausmacht. Sie lernen nichts mehr über Hintergründe, Zusammenhänge, Motive und Konsequenzen wirtschaftlichen und staatlichen Handelns. Stattdessen werden sie vollgestopft mit hochspezialisierten mathematisch-statistischen Formeln und Modellen sowie der keynesianischen „Mainstream-Ökonomie“, obwohl dies längst alles an den Klippen der Realität krachend zerschellt ist. Studenten der Volkswirtschaftslehre erfahren heute in der weitgehend ideologisch geprägten Hochschullandschaft zum Beispiel nichts mehr über die „Österreichische Schule der Nationalökonomie“ und dem zugrundeliegenden Denkgebäude des klassischen Liberalismus, obwohl es sich hierbei um die Grundlage unserer abendländischen Kulturgeschichte handelt.

Sie verstehen nicht, wie es zu Arbeitslosigkeit kommt, sie verstehen nicht die Ursachen übertriebener Konjunkturschwankungen, sie erkennen nicht die Ursachen der Inflation und verstehen nicht die Zusammenhänge zwischen Inflation und Konjunkturschwankungen, sie können in der Regel nicht einmal dem Laien den Markt- und Preismechanismus in verständlicher Form erklären. Es kommt ihnen nicht in den Sinn, über das staatliche Geldmonopol und das Zusammenspiel zwischen Politik und Finanzwirtschaft zu reflektieren. Sie können daher auch die aktuelle Schulden-, Euro- und Finanzkrise nicht deuten, nicht nachvollziehen und sich erst recht keine fundierte Meinung dazu bilden, zumal ihnen Aufgaben und Bedeutung von Ordnungspolitik weitgehend unbekannt sind.

Und schon gar nicht können sie die vielfältigen Gefahren für eine freie Gesellschaft durch den zunehmenden wirtschafts- und gesellschaftspolitischen Interventionismus des Staates erkennen. Weil sie sozusagen Sklaven ihrer eigenen Unkenntnis sind (obwohl sie einen wirtschaftswissenschaftlichen Abschluss vorweisen), sind ihnen die Konsequenzen eines überschuldeten Wohlfahrtsstaates nicht klar.

Sinn für Realität und vor allem auch geschichtliches Bewusstsein machen laut Joseph A. Schumpeter letztlich einen guten Ökonomen aus. Die Dogmengeschichte ist ein wesentliches Gebiet wirtschaftswissenschaftlicher Forschung, welches heutzutage leider völlig vernachlässigt wird. Deshalb fehlt heute vielen Studenten ein tieferes Wissen über die geschichtlich-philosophischen Entwicklungsstränge ihrer eigenen Disziplin. Ohne fundierte Kenntnis der Geschichte des ökonomischen Denkens fehlt ihnen die Fähigkeit, Dinge richtig einordnen und analysieren zu können. Wer die eigene Entwicklungsgeschichte nicht kennt, der hängt in der Gegenwart buchstäblich in der Luft.

An den meisten Fakultäten wird heute zusammenhangloses Spezialwissen auswendig gelernt. Speziell in der Volkswirtschaftslehre ist eine autistische und ideologisierte, „mainstreamgesteuerte" Richtung entstanden, die durch eine falsch verstandene Formalisierung und Mathematisierung der wirtschaftlichen Wirklichkeit geradezu hohnspricht. Der Wirtschaftsnobelpreisträger W. Leontief, selber der Mathematik nicht gerade abhold, kommentierte diesen überzogenen Mathematisierungsgrad treffend mit den Worten: „Die ökonomischen Fachzeitschriften sind Seite für Seite mit mathematischen Formeln gefüllt, die dem Leser mehr oder weniger plausible, jedoch völlig willkürliche Annahmen zu präzise formulierten, aber irrelevanten theoretischen Schlussfolgerungen präsentieren." Der renommierte ökonomische Theoriegeschichtler Marc Blaug stellt dazu fest: „Die moderne Ökonomik ist krank.

Die Ökonomik ist zunehmend zu einem intellektuellem Spiel geworden, das um seiner selbst willen gespielt wird und nicht wegen seiner praktischen Bedeutung für unser Verständnis der wirtschaftlichen Welt." War die Volkswirtschaftslehre früher (Nationalökonomie) gerade dafür bekannt, ein umfassendes Verständnis komplexer Zusammenhänge insbesondere auch mittels einer fachübergreifenden Betrachtung im Sinne einer breit angelegten Bildung zu vermitteln, ist sie heute weitgehend in ein zusammenhangloses Spezialwissen ohne erkennbaren Realitätsbezug zerfallen.

Insbesondere auf dem Gebiet der Wirtschaftspolitik macht sich die Einäugigkeit der modernen Ökonomie stark bemerkbar, zumal viele Ökonomen unter diesem Mangel an breitgefächertem Erfahrungswissen leiden. Die durchweg fehlenden Kenntnisse über die Grundlagen des klassischen Liberalismus und der „Österreichischen Schule der Nationalökonomie" haben durchaus verhängnisvolle Konsequenzen.

Die Lehrstuhl-Ökonomie ist zum Ideenlieferant der staatlichen Schuldenfinanzierung verkommen. Die Finanzwissenschaft ist längst zur Lehre vom staatlichen Kleptokratismus degeneriert. Allzu viele Professoren sind zu servilen akademischen Zuträgern der politischen Machteliten und der mit der Politik kungelnden Hochfinanz-Kaste abgedriftet. Gehaltvolle wirtschaftspolitische Ausführungen weichen immer mehr interessensgelenkten Statements. Für die Medien sind wirtschaftspolitische Aspekte vor allem dann interessant, wenn sie die aktuellen Anlässe in leicht verdaulicher Form, appetitlich und moralisch korrekt für die Massen präsentiert werden. Das Ziel lautet, mit unterhaltsamen, flott aufbereiteten, schlagwortartigen und emotional aufgeladenen Thesen möglichst zeitnah an die Öffentlichkeit zu gehen. Die moralisch eiwandfreie Präsentation dient dazu, dem behaupteten Chaos auf den Märkten einen Sinn zu geben, der Bevölkerung die Schuldigen und Sündenböcke zu zeigen, um sich der eigenen Integrität zu versichern.

Diese Art von kulturwissenschaftlicher Ökonomie der Medien ist zwar aufmerksamkeitsmäßig optimiert, wissenschaftlich aber unseriös. Mal eher grobschlächtig, mal eher subtil wird eine Art von naturgesetzlichem Gegensatz zwischen Ethik und Marktwirtschaft insinuiert.

Wir leben in einer Zeit der aufgedrehten Journaille und hektischen Medienwelt, die der zunehmenden digitalen Demenz und Verdummung der Spielkonsolen-Generation entspricht – kontemplatives und systematisiertes Nachdenken gehört offenbar endgültig der Vergangenheit an.

Die Irrtümer der keynesianischen „Mainstream-Ökonomen“ zeigen sich vor allem auf dem Gebiet der Makroökonomie. Denn ihre makroökonomischen Standardmodelle sind sämtlich von der Realität widerlegt Die Makroökonomen befinden sich in einem riesenhaften „szientistischen Leerlauf“ (Wilhelm Röpke) und können mit all ihren spitzfindigen Modellen und beeindruckenden mathematisch-statistischen Formeln die wirtschaftliche Wirklichkeit nicht einfangen. Man betreibt weiterhin einen regelrechten Messbarkeitswahn der Wirtschaft, ohne sie wirklich zu verstehen. Die Makroökonomie ist zunehmend dem „Physikneid“ (Claus-Peter Ortlieb) erlegen, ihre Vertreter wollen gerne Naturwissenschaftler sein. Die Psychologie oder Soziologie lehnen sie als zu schwammig ab und grenzen so ihr Fach nach außen ab. So wurde die Mathematik zu ihrem „Missbrauchsopfer“ (Claus Peter Ortlieb). Man muss inzwischen von einer trostlosen Wissenschaft sprechen.

Laut Kurt Richebächer, einem der international bekanntesten Bankiers und Finanzexperten, hat die heutige Zeit die schlechtesten Ökonomen seit 200 Jahren. „Wenn man sich anguckt, was die Ökonomen so alles vorausgesagt haben, dann sollte man ihnen nicht mehr zuhören. Noch nie hat sich eine Wissenschaft schneller in Luft aufgelöst. Es ist erschreckend zu sehen, wie wir immer wieder abfahren auf Prognosen, die sich in den meisten Fällen als falsch herausstellen ..., die Ökonomen durchdringen ihr Fach einfach nicht mehr“, äußert sich Rolf Dobelli in der FAS. „Heute, in einer Zeit der immer weiter vordringenden Staatsomnipotenz und Politisierung, ziehen sich viele Volkswirte in das Revier mehr oder weniger interessanter Spezialtheorien zurück und lassen die praktische Wirtschaftspolitik ratlos hinter sich zurück" (Hans Willgerodt). Ulrich van Suntum: „Sie sind überwiegend hoch spezialisierte Theoretiker oder Empiriker, die wenig Erfahrung mit der komplexen wirtschaftspolitischen Realität haben und diese vielfach nicht einmal suchen." Die Barbarei des Spezialistentums hat sich überall breitgemacht, heißt es schon bei Ortega y Gasset. Die Hyperspezialisierung vor allem der jüngeren Wirtschaftswissenschaftler erklärt ihre oft auffällige „Ignoranzkompetenz" (Caspar Hirschi). Je kleinteiliger sie arbeiten, desto stärker sind sie den Kräften ihres eigenen Nichtwissens ausgeliefert. Mit ihren brillanten ökonometrischen Modellen beeindrucken sie sich gegenseitig, doch den Bezug zur Realität haben sie längst verloren. In einem Leserbrief von Herbert Berger an die FAZ heißt es: „Mit der tiefschürfenden Erkenntnis, dass sich Menschen im Supermarkt für die kürzere Warteschlange entscheiden, was modellhaft gestützt und mathematisch begründbar wird, werden wir die Welt nicht retten. Die lange Zeit eher verdrängte bzw. belächelte Wirtschaftshistorie müsste wieder stärker gepflegt werden."

Deshalb ist es auch nicht verwunderlich, dass sich gerade viele jüngere Wissenschaftler aus der aktuellen wirtschaftspolitischen Diskussion heraushalten. Max Weber war zuerst Nationalökonom, dann wurde er Soziologe und schließlich ist er der größte deutsche Philosoph des 20. Jahrhunderts geworden. Das machte die Fächerverbindung: Psychologie, Soziologie und Sozialpsychologie. Es sind die verschiedenen Zweige einer allgemeinen Wissenschaft vom menschlichen Verhalten, was die Volkswirtschaftslehre derzeit am nötigsten braucht.

Friedrich A. von Hayek betonte in diesem Zusammenhang, dass derjenige, der nur Ökonom ist, kein guter Ökonom sein kann.

So ist es denn auch in gewisser Weise kein Zufall, dass kein einziger Vertreter der modernen „Mainstream-Ökonomen" die Finanzkrise vorausgesagt hat. Sie erkennen nicht, dass alle drückenden Probleme unserer Gesellschaft mit Tätigkeiten des Staats zusammenhängen (Murray N. Rothbard). Sie glauben, dass man den Begriff „Sparen" durch den Begriff „Kredit" ersetzen könne. Sie glauben, dass das Sparen nicht mehr nötig sei, weil man ja beliebig Kredit durch „deficit-spending" schaffen kann. Seit Keynes ist die Ökonomie laut Roland Baader diesbezüglich regelrecht versumpft. Der Großteil der Makroökonomie der vergangenen Jahrzehnte war deswegen bestenfalls nutzlos und im schlimmsten Fall sehr schädlich. Die keynesianische Staatsverschuldungsmanie und Interventionsgläubigkeit haben langfristig fatale Folgen, aber sie liefern kurzfristig den politischen Eliten eine pseudowissenschaftliche Begründung für ihre schamlose Schuldenmacherei im Rahmen ihrer Wählerbestechungsdemokratie.

„Die gesamte politische Klasse will nicht vom beliebig vermehrbaren Geld ablassen, weil es die finanzielle Grundlage ihres Geschäftes der Wählerbestechung ist. Die Bürger selber lieben das easy money, weil sie sich damit Wünsche in der Gegenwart erfüllen können, für die sie eigentlich lange sparen müssten und weil sich ihre Immobilien- und Wertpapier-Vermögen damit inflationär aufblähen und ihnen das (irrtümliche) Gefühl des ständigen Reicherwerdens vermitteln. Die Zentralbanken lieben das easy Money, weil sie damit Regulierungspotenz über die gesamte Volkswirtschaft gewinnen und das von ihnen kontrollierte Bankensystem ins Gigantische ausdehnen können. Die Banken lieben das easy money, weil sie ihr Kreditgeschäft immer weiter vergrößern können und an den Zinsen gut verdienen. Die Geschäftsleute lieben das easy money, weil die Kunden ihre Umsätze nach oben treiben. Und viele Ökonomen lieben das easy money, weil sie an die Fata Morgana glauben, dass man damit jede Konjunktur- und Wachstumsdelle korrigieren könne und solle. Vor die Wahl gestellt, Konkurse von Staaten und Banken und steigende Arbeitslosigkeit hinzunehmen oder die Geldmenge auszuweiten, wird sich die Regierung stets für eine weitere Vergrößerung der Geldmenge entscheiden. Der Preis für dieses zeitliche Herauszögern ist eine umso stärkere Krise in der Zukunft." (Roland Baader)

Die Vertreter der „Österreichischen Schule der Nationalökonomie" haben stets vor dieser keynesianisch geprägten Politik gewarnt und daher auch die Finanzkrise vorausgesehen. Die Keynesianer erkennen nicht, dass die Instabilität der Marktwirtschaft eine Folge davon ist, dass die wichtigsten Regulatoren des Marktes, nämlich Geld und Zins, ihrerseits vom Marktprozess ausgenommen sind. Die ganze Wirtschaftsrechnung einer Volkswirtschaft ist dann zwangsläufig wegen der Absenz von freien Preisen als Knappheitsanzeiger im Sinne der Ressourcenallokation gestört. Denn es kommt auch in der Rezession nur auf die relativen Preise (das Verhältnis der Preise zueinander, Preisspannen) bzw. auf die strukturelle Relation von Konsum- und Produktionssektor an. Die Vernachlässigung des Problems, die Produktionsstruktur der Volkswirtschaft durch relative Preise zu ordnen, ist die entscheidende Ursache für das Versagen der herkömmlichen makroökonomischen Theorie. Denn die Produktionsstruktur und ihre Veränderung im Konjunkturverlauf werden von den relativen Preisen gesteuert, nicht jedoch, wie von den Keynesianern behauptet, vom allgemeinen Preisniveau. Die Rezession stellt also ein Strukturproblem dar, die absolute Höhe der (gesamten) Nachfrage ist nicht entscheidend. Die Zeit ist das zentrale Element, um den Produktionsprozess einer Volkswirtschaft zu verstehen. Gerade die Zeit, die von der Investition bis zur Produktion vergeht, bedeutet, dass der Konsument bis dahin mit seinem Konsum wartet; ansonsten steigen die Preise. Je unwichtiger den Konsumenten der Gegenwartskonsum im Vergleich zum Konsum in der Zukunft ist, desto höher ist ihre Sparneigung und desto niedriger ist der natürliche Zins. Veränderungen des natürlichen Zinssatzes korrelieren demnach mit einer entsprechenden Veränderung der Wirtschaftsstruktur (Verhältnis von Produktions- zu Konsumsektor).

Um die drückende Zinslast überbordender Staatsschulden erträglicher zu gestalten, und/oder die Konjunktur im keynesianischen Sinne (vermeintlich) anzukurbeln, wird seitens Regierung und Zentralbank der Zins unter den marktmäßigen, natürlichen Zins gedrückt. Abgesehen davon, dass die Sparer dadurch einen Vermögensverlust erleiden, ergeben sich dadurch folgende Konsequenzen: Ein von der Regierung bzw. der staatlichen Zentralbank künstlich gedrückter Zins bewirkt eine relativ zu den freiwillig aufgebrachten Sparmitteln zu kapitalintensive Produktion, weil die Finanzierungskosten für die Unternehmen entsprechend sinken. Der Zins regelt die Umverteilung von der Produktion für heutige Konsumgüter zum (größeren) Konsum von morgen. Sinkt der natürliche Zins, so zeigt dies an, dass die Konsumenten bereit sind, auf Konsum heute zu verzichten, ihre Sparneigung also verstärken, um eine höhere Produktion für die zukünftige Menge an Konsumgütern zu ermöglichen.

Veränderungen des natürlichen Zinses zeigen demnach die jeweilige Veränderung zwischen Produktions- und Konsumsektor an und führen zu gleitenden Anpassungsmaßnahmen, aber nicht zu den ausgeprägten und ruckartigen Konjunkturschwankungen, wie sie durch manipulierte Zinsänderungen im Rahmen der keynesianischen „deficit-spending-Politik" erzeugt werden.

In der Realität beruht die Produktionsstruktur auf einem Netzwerk von Tausenden von Unternehmen, die mit und nebeneinander agieren. Ohne eine Vorstellung davon zu haben, wie dieser Produktionsprozess abläuft, ist es unmöglich, sinnvolle Aussagen über die Wirkung wirtschaftspolitischer Maßnahmen zu treffen. Bei Keynes laufen diese Prozesse synchron und ohne Zeitverzögerung, was aber eben nicht der Realität entspricht. Die keynesianische „deficit-spending-Politik" ist demnach eine reine Geldschöpfung ... und zwar in falschen Preisen, d.h. ein durch Geldvermehrung künstlich gedrückter Zins führt zwangsläufig zu verfälschten Spar- und Investitionsentscheidungen.

Da die Preise sich nicht alle gleichmäßig und mit gleicher Geschwindigkeit verändern, wird es für Unternehmen immer schwieriger, Bleibendes von Vorübergehendem zu unterscheiden und ihre Betriebskosten oder die Nachfrage der Konsumenten zu beurteilen. Indem inflationär aufgeblähte Gewinne erzeugt werden und die Wirtschaftsrechnung verzerrt wird, wird der Markt davon abgehalten, ineffiziente Investitionen zu verhindern und effiziente zu belohnen. Das führt wiederum zu Vermögenspreisblasen und verstärkten Konjunkturausschlägen. Wenn Kapital durch künstlich niedrige Zinsen keinen (richtigen) Preis mehr hat, sind Fehlinvestitionen und Kapitalverschwendung die logische Folge. Früher oder später muss deshalb die Geldschöpfung aufhören, sich der Geldzins wieder normalisieren und das natürliche Gleichgewicht zwischen Sparen, Investieren und Konsumieren wieder hergestellt werden.

Nach der (künstlichen) Verlängerung der Produktionsperiode im Aufschwung muss es dann zu einer scharfen Rezession kommen, damit sich die Produktionsstruktur wieder an das Ausmaß der freiwillig verfügbaren Sparmittel anpassen kann. Je länger dieser Bereinigungsprozess herausgezögert wird, desto stärker fällt die Rezession aus. Denn der „keynesianisch erzeugte Boom" ist ein rein monetäres Phänomen, die sich zwangsläufig anschließende Rezession die notwendige Strukturanpassung.

Deshalb ist es unsinnig, strukturelle Verwerfungen in der Wirtschaftsstruktur monetär bekämpfen zu wollen. Die Krise ist also nicht das Problem, sondern die Folge des Problems (Unterbindung des gleitenden Anpassungsprozesses der Wirtschaftsstruktur – zwischen Produktions- und Konsumsektor). Ebenso ist ein Börsencrash nicht das Problem, es zeigt vielmehr, dass die Marktakteure von der inflationären Scheinwelt Abschied nehmen und sich wieder auf die Realität besinnen.

Die Vorstellung, auf der die gesamte Keynes´sche Analyse beruht, wonach sich die Beziehung zwischen Endnachfrage und Beschäftigung so darstellt, als sei sie dem Verhältnis zwischen dem am Ende einer Röhre ausgeübten Sog und dem am anderen Ende angesaugten Zugstrom analog, ist falsch und irreführend.

Zwischen den beiden Enden liegt vielmehr ein elastisches und veränderbares Reservoir, dessen Größe von einer ganzen Reihe von Umständen abhängt, die in der Analyse von Keynes weitgehend vernachlässigt werden. Das fortwährende Einpumpen zusätzlichen Geldes an Punkten des ökonomischen Systems, an denen es vorübergehend künstlich Nachfrage erzeugt, die allerdings aufhören muss, wenn die Vermehrung der Geldmenge endet oder sich verlangsamt, dazu die Erwartung ständiger Preissteigerungen, zieht den Faktor Arbeit und andere Produktionsmittel in Beschäftigungen, die nur solange dauern können, wie die Vermehrung der Geldmenge in demselben Ausmaß andauert – oder vielleicht nur solange, wie sie sich mit einer bestimmten Rate weiter beschleunigt. Was diese Politik hervorbringt, ist nicht so sehr ein Beschäftigungsniveau, das auf andere Art und Weise nicht hätte zustande gebracht werden können, sondern vielmehr eine Verteilung der Beschäftigung, die nicht unbegrenzt aufrechterhalten werden kann und die bald zu einer rezessiven Anpassung zwingt. Arbeitslosigkeit zeigt an, dass die Struktur der relativen Preise und Löhne verzerrt worden ist, und dass zur Wiederherstellung der Übereinstimmung von Angebot und Nachfrage vom Faktor Arbeit in allen Sektoren entsprechende Änderungen der relativen Preise sowie eine Umlenkung der Arbeit in effizientere Verwendung notwendig ist. (Ludwig von Mises) Die schlimmste Wirkung vom „deficit-spending" ist noch nicht einmal der permanente Kaufkraftverlust, sondern – wie bereits angeführt – die von ihr erzeugte Verzerrung der relativen Preise, d.h. die Verfälschung der Preissignale für die Knappheitsrelationen der verschiedenen Güter untereinander, insbesondere beim Verhältnis von Investitionsgüterpreisen zu Konsumgüterpreisen.

Neben dem Unverständnis der Wirkung relativer Preise auf den Konjunkturverlauf, können die „Keynesianer" auch die Herkunft von Bankeinlagen der Anleger nicht erklären, sie setzen diese einfach als gegeben voraus und behaupten fälschlicherweise, dass zu viele Ersparnisse und zu wenig Investitionsmöglichkeiten den realen Zins unter die Nulllinie drücken würden. Doch jeder Bankauszubildende weiß natürlich, woher die Einlagen im heutigen easy-money-System kommen: Es ist der Kredit, der Einlagen schafft, nicht die Einlagen, die als Kredite verliehen werden. Und die

Kreditnachfrage ist folglich dann gering und der Zins niedriger, wenn zuvor zu viel und falsch investiert wurde (eben durch „deficit-spending-Politik“) und somit also zunächst eine rezessive Bereinigungsphase erfolgen muss (Thomas Mayer). Wären in der Konjunkturhochphase tatsächlich nur Kredite aus vorhandenen Spareinlagen vergeben worden (und nicht in erster Linie durch Kredit- und Geldschöpfung), so würden die gleitenden Anpassungsprozesse der Wirtschaftsstruktur (durch die nicht-manipulierte Signalfunktion der relativen Preise) eine starke Rezession vermeiden.

Im Gegensatz zu den Keynesianern betrachten die „Austrians“ die Arbeitslosigkeit nicht als eine dem Kapitalismus systemimmanente Erscheinung und nicht als Symptom seiner Krisenanfälligkeit. Denn in Wahrheit ist Arbeitslosigkeit als gesellschaftlicher Notstand eine Erscheinung des industriellen Zeitalters und kann überall auftreten, wo die industrielle Produktionsweise vorherrschend ist, welche Ideologie auch immer dominieren mag. Nur in der vorindustriellen Epoche hat es keine Arbeitslosigkeit gegeben. Wenn eine Bevölkerung zu 90 Prozent in der Landwirtschaft arbeitet, dann kommt es zwar vor, dass man bei Missernten oder im Winter nichts zu tun hat. Doch es wird keine Arbeitslosigkeit sichtbar. Der Bauer bleibt auf seinem Hof samt mithelfenden Familienangehörigen und dem Gesinde, dem er in Treue verpflichtet ist und dem er auch Verpflegung und Unterkunft schuldet. Überdies war der Bevölkerungsanteil in feudaler Zeit viel größer, der nichts durch Arbeit zum Sozialprodukt beisteuerte – siehe Adel-, Welt- und Ordensklerus. In Zeiten der Krise mochte die Zahl der Bettler steigen und ein Handwerksbursche mochte länger auf Wanderschaft verweilen – aber Arbeitslosigkeit wurde nicht erkennbar. Keine Statistik berichtete davon, kein Sozialprotest richtete sich dagegen. Im modernen Industriestaat ist Arbeitslosigkeit nicht durch staatliche Interventionen zu beseitigen. Es gibt kein historisches Beispiel für ein erfolgreiches Arbeitslosenprogramm, das unter Bedingungen von Freiheit und Frieden realisiert wurde.

Selbst den sozialistischen Zentralplanwirtschaften, die doch die Nachfrage lenken und Investitionen befehlen können, ist die Beseitigung von Arbeitslosigkeit nicht gelungen. Aber da es Arbeitslosigkeit bei ihnen aus ideologischen Gründen nicht geben darf, wird sie nicht registriert, sondern verborgen: Man zieht mehr junge Leute zum Militär ein, besetzt Arbeitsplätze doppelt und dreifach und so weiter. Hitler und Stalin bauten Arbeitslosigkeit durch Zwangsarbeit und Kriegswirtschaft ab. Franklin D. Roosevelt, der die ganze Rezeptur staatlicher Konjunkturprogramme durchprobierte, hatte damit (entgegen der landläufiger Meinung) überhaupt keinen Erfolg, bis auch die USA die Rüstungsindustrie ankurbelten. Es war gerade nicht der „New Deal“, der den Aufschwung brachte.

In einer nichtsozialistischen Wirtschaft tritt Arbeitslosigkeit offen zutage, gerade weil sie als Problem gesehen wird und die Arbeitslosen gesichert werden sollen. Ein Konjunkturabschwung ist entgegen keynesianischer Ansicht keineswegs die Folge von mangelnder Kaufkraft. Jede Produktion schafft sich nämlich ihr eigenes Einkommen. Wenn ein zusätzliches Paar Schuhe produziert wird, dann sind die Kosten des Herstellers automatisch die Einkommen der Arbeitnehmer, Kreditgeber, Vorlieferanten und des Staates. Es ist also immer auf den Cent genau genügend Kaufkraft vorhanden, um das Angebot aufzunehmen. Ein Teil dieses Einkommens wird allerdings gespart. Den Sparern müssen andere Leute gegenüberstehen, die mehr ausgeben als sie verdienen, die also Kredit aufnehmen. Das sind die Investoren: Unternehmer, Bauherren usw. Eine Konjunkturkrise entsteht, wenn die Bereitschaft zur Bildung von Geldvermögen größer ist als die zur Bildung von Sachvermögen.

In der Regel führen zu hohe Löhne zu diesem Ungleichgewicht. Werden die Löhne über das Maß hinaus erhöht, das der Markt hergegeben hätte, dann nutzt das keineswegs den Arbeitnehmern und ihrer Kaufkraft, sondern fällt in Form von Arbeitslosigkeit auf die Arbeitnehmer zurück. Wenn die Löhne steigen, dann bleibt nach Abzug aller Abgaben zusätzliche Kaufkraft beim Arbeitnehmer übrig. Davon wird ein Teil gespart; der verbleibende Rest wird zur Konsumnachfrage. Während der Aufwand für Löhne bei den

Unternehmen sofort zu 100 Prozent zu Buche schlägt, wird davon im weiteren Verlauf höchstens ein Teil tatsächliche zusätzliche Konsumnachfrage.

Der Saldo bleibt in jedem Fall negativ. Und die höheren Reallöhne fallen ja auch nicht wie Manna von Himmel. Soweit sie nicht durch zusätzliche Produktivität abgedeckt sind, verringern sie zwangsläufig die Gewinne der Unternehmen. Der zusätzlichen Kaufkraft der Arbeitnehmer steht eine geringere Kaufkraft der Unternehmen gegenüber. Die Nachfragewirksamkeit hängt also ganz davon ab, ob die Unternehmen oder die Arbeitnehmer von ihrem Einkommen einen größeren Teil ausgeben.

Unternehmer sind Leute, die normalerweise mehr ausgeben als sie einnehmen. Sie investieren und nehmen dafür Kredite auf. Umgekehrt legen Arbeitnehmer einen Teil ihres Einkommens auf die hohe Kante. Sie geben weniger aus als sie einnehmen. Verschiebt man also einen Euro Kaufkraft von den Unternehmen zu den Arbeitnehmern, dann verschiebt man sie aus einem Bereich hoher Ausgabenneigung in einen Bereich niedrigerer Ausgabenneigung. Die Gesamtnachfrage nimmt nicht zu, sie geht sogar zurück. Deshalb beobachtet man immer, dass bei hoher Lohnquote die Wirtschaft in einer Krise steckt, während umgekehrt im Boom die Lohnquote niedrig ist. Die Verteidigung hoher Löhne und ehrgeiziger Verteilungsziele hilft zwar zunächst noch den Arbeitnehmern, aber im Laufe der Zeit gelingt es immer weniger Leuten (vor allem geringer Qualifizierten) einen Arbeitsplatz zu finden ... und schließlich sinkt das Sozialprodukt, der Kuchen, der für alle zusammen zur Verteilung vorhanden ist. Arbeitslosigkeit bedeutet nicht nur, dass die Betroffenen keine Einkommen erwirtschaften. Es bedeutet auch, dass die Wertschöpfung insgesamt fällt und dass auch die Einkommen anderer Menschen sinken, die mit den Arbeitslosen zusammenarbeiten könnten. Die wirtschaftliche Aktivität des gesamten Gemeinwesens sinkt, und letztlich zählen alle zu den Verlierern, auch diejenigen, die zunächst von der Hochlohnpolitik profitiert haben.

Nicht nur ökonomisch wäre es deshalb wesentlich sinnvoller, wenn man den Marktkräften bei der Festlegung der Löhne freien Lauf ließe. Auch John Maynard Keynes wusste sehr wohl, dass freie und flexible Löhne Arbeitslosigkeit und starke Konjunkturschwankungen weitgehend ausschließen würden. Doch er hielt dies von vornherein für politisch nicht durchsetzbar, deshalb lieferte er der Politik mit seiner verhängnisvollen „deficit-spending-Politik" eine opportunistische pseudowissenschaftliche Rechtfertigung für deren schuldeninduzierte Sozialstaatspolitik. Aber ... nur mit flexiblen Löhnen bleibt die Arbeit wettbewerbsfähig. Sinkt der marktmäßige Lohn für gering qualifizierte Arbeit dann unter ein sozial vertretbares Maß, muss der Staat den Geringverdiener bezuschussen. Wichtig ist, dass man bei dem Lohnniveau einer Volkswirtschaft nicht auf die Lohnkosten pro Stück, sondern auf die Lohnkosten pro Arbeitsstunde achtet.

Man darf also nicht die Stundenlöhne durch die Arbeitsproduktivität dividieren, um ein korrektes Bild von der Wettbewerbsfähigkeit zu erhalten. Die Betrachtung der Lohnkosten pro Stück übersieht nämlich das Problem der durch die Lohnerhöhung selbst verursachten Freisetzung von Arbeitskräften und die dadurch wiederum verursachte (rein rechnerische) Produktivitätssteigerung, welche wiederum zu neuen Lohnforderungen führt. Wenn die Löhne steigen, werden viel minder produktive Betriebe aus dem Markt ausscheiden. Die Arbeitnehmer werden entlassen und die Zahl der Erwerbstätigen sinkt. Die Produktivität der Wirtschaft steigt dadurch rein rechnerisch, weil die weniger produktiven Betriebe mitsamt ihren Beschäftigten aus der Statistik verschwinden. Es ist also immer die Höhe der Arbeitslosigkeit selbst, die ein sicheres Urteil über die Wettbewerbsfähigkeit der Arbeitskräfte ermöglicht. Ähnliche Effekte gibt es, wenn die Hochlohnpolitik Unternehmen veranlasst, in kapitalintensive Produktionsprozesse auszuweichen und Arbeitskräfte freizusetzen. Auch diese lohngetriebenen Rationalisierungsmaßnahmen bedeuten einen Produktivitätszuwachs, der aber nur scheinbar Verteilungsspielräume (sprich: Lohnerhöhungen) zulässt, weil ihm gar kein volkswirtschaftlicher Produktivitätsgewinn gegenübersteht. Daher darf sich das Lohnwachstum nicht einfach an der rechnerischen Steigerung der Produktivität orientieren. Es muss unter dem Produktivitätszuwachs der Betriebe liegen.

Auch in diesem Zusammenhang wird der Unterschied zwischen Konjunktur- und Strukturproblemen oft nicht erkannt, obwohl es für das Verständnis volkswirtschaftlicher Zusammenhänge von entscheidender Bedeutung ist. Bei der Konjunktur geht es um den Auslastungsgrad des Produktionspotenzials, der durch die Nachfrage mitbestimmt wird. Bei Strukturproblemen geht es um dieses Potenzial selbst. Es wird unter anderem durch den so genannten Kapitalstock der Volkswirtschaft bestimmt, wie er durch frühere langfristige Investitionen in Gebäude, Maschinen und Anlagen entstanden ist. Deutschlands Kapitalstock hat sich in den vergangenen Jahren zu langsam entwickelt, und vor allem hat er wegen der hohen Löhne eine zu geringe Arbeitsintensität. Ein Nachfrageschub kann eine Mehrproduktion und einen Beschäftigungsstand immer nur bis zu Vollauslastung der vorhandenen Anlagen bewirken, nicht aber darüber hinaus. Weitere Produktions- und Beschäftigungseffekte kommen nur durch den Kapazitätseffekt neuer, langfristiger Investitionen zustande.

Doch ob solche Investitionen vorgenommen werden, hängt weniger von der Nachfrage als von den Standortbedingungen ab, unter denen die Löhne kostenseitig die wichtigsten sind. Die deutsche Nachfrage kann man auch von einem slowakischen Standort bedienen. Die unsinnige keynesianische Kaufkrafttheorie führt im Endeffekt immer nur zu einer weiter ansteigenden Staatsverschuldung und hat keinen nachhaltigen Beschäftigungseffekt. Es zeigt sich immer wieder, dass Verschuldung zur Aufrechterhaltung bzw. Anregung des Massenkonsums nichts weiter als vorgezogener Konsum ist, der in der Zukunft ausfällt.

Dieses Wort des ehemaligen Reichsbankpräsidenten Hjalmar Schacht hat nichts von seiner Gültigkeit verloren.

Auf jeden Fall ist die Produktion von Gütern und Dienstleistungen der Anfang und der Motor des Prozesses von Beschäftigung, Wachstum und Wohlstand – und nicht (!) der Konsum! Die keynesianischen „Mainstream-Ökonomen“ mögen dies noch so oft bestreiten.

Wenn die Keynesianer recht hätten, bräuchte der Staat ja nur astronomische hohe Schulden aufzunehmen und das Schuldengeld in den Konsum reinzujagen – und schon würden paradiesische Zustände herrschen. Und genau dazu raten die „Mainstream-Ökonomen“ zur Freude der politischen Klasse, die genau das dann durchführen – nur leider mit der steten Folge, dass sie damit im Endeffekt das Gegenteil dessen erreichen, was sie eigentlich wollten.

Wer dafür plädiert, den Konsum durch Lohnerhöhungen anzuregen, fordert in Wirklichkeit eine Erhöhung der Produktionskosten und schüttet damit Sand in das Getriebe, das Beschäftigung und Einkommen überhaupt erst entstehen lassen kann – und mit dessen Kraftentfaltung die Voraussetzungen für den vermehrten Konsum erst geschaffen werden. Außerdem heizt eine solche Lohnsteigerungspolitik die Inflation an und verringert somit die reale Kaufkraft der Konsumenten-Einkommen. Zwar wirken Lohnsteigerungen eo ipso noch nicht preisinflationär, haben aber dennoch regelmäßig Preisinflation zur Folge, weil die Zentralbanken das Geschehen mit einer Politik des leichten Geldes begleiten, um die Wirkung des Lohnkotenschubs in Richtung Arbeitslosigkeit zu dämpfen. Wer den Lohnempfängern wirklich etwas Gutes tun will, der sollte gegen die staatliche Abzocke via Steuern und Sozialabgaben kämpfen. Nicht zuletzt fließen bei Nominallohnerhöhungen immer größere Summen über Steuern und Sozialabgaben an den Staat – und somit heraus aus den Taschen der Verbraucher. Was dann von den Lohnerhöhungen übrig bleibt, reicht nicht aus, um den Kaufkraftverlust zu kompensieren.

Für die Unternehmen wirkten sich solche Lohnsteigerungen zu 100 Prozent als Kostenerhöhung aus, aber nur ein Teil davon kann seitens der Lohnempfänger überhaupt nachfragewirksam werden, so dass sich die Wettbewerbsfähigkeit der Unternehmen verschlechtert. Im Übrigen ist dabei noch zusätzlich zu beachten, dass mit Lohnsteigerungen grundsätzlich Kapital vom produktiven Produktionssektor mit seiner Kapitalbildung in den nichtproduktiven Konsumsektor verschoben wird.

Dies bedeutet logischerweise, dass auf zukünftiges Wachstum in dieser Höhe verzichtet wird. Denn es ist einzig das Investieren der Unternehmen, was mittels neuer Kapitalbildung zu neuem (verteilbaren) Sozialprodukt führt. Nur mit Sparen und Investieren wird eine Volkswirtschaft reich. Der Glaubenssatz der Keynesianer, wonach man sich reich konsumieren könne und arm spart, ist reinste „Voodoo-Ökonomie“.

Ein weiterer schwerwiegender Irrtum der „Mainstream-Ökonomen“ besteht in der strikten Ablehnung von Währungswettbewerb. Im staatlichen Papiergeldsystem wird Geld durch Kredit im Umlauf gebracht, das nicht durch echte Ersparnis gedeckt ist. Dies führt in die Überschuldung, wie man sie in praktisch allen westlichen Demokratien („Wählerbestechungsdemokratien“) beobachten kann. Der größte Kreditnehmer und Schuldner ist der Staat, der sich mit immer neuen Krediten finanziert, die billig durch dieses staatliche Papiergeld beschafft werden. Mit Hilfe einer höheren Inflation (erst im Vermögens- und später im Konsumgüterbereich) wird der Realzins in den negativen Bereich gedrückt. Dadurch kommt es zu einer stillen Umverteilung von den Sparern hin zum Staat. Durch diese so genannte Finanzrepression werden die Kosten der Krise in versteckter Form auf den Schultern der Bürger abgeladen. Die Lücke zwischen Geldmenge und Gütern ist das Inflationspotenzial ... und diese Lücke weitet sich immer mehr aus.

Wir leben momentan in der größten Geldblase aller Zeiten. Europaweit stieg ab dem Jahr 2000 die Geldmenge um 160 Prozent, der Wert der produzierten Waren und Dienstleistungen hingegen nur um 10 Prozent. Das endet, wie jede belastbare Wirtschaftstheorie zeigt, zwangsläufig irgendwann in einer starken Inflation bzw. in einem Währungsschnitt.

Noch niemals in der Geschichte hat ein Staat seine Schulden zurückgezahlt. Schulden werden immer nur prolongiert. Inzwischen müssen die USA schon neue Kredite aufnehmen, nur um damit laufende Zinsen zu bezahlen. Würden die Zinsen heute wieder auf Normalhöhe steigen, könnte die meisten Staaten ihre Schulden nicht mehr bedienen. Und merkt eine Regierung, dass ihr die Dinge entgleiten, schiebt sie die Verantwortung dafür auf nichtstaatliche Einrichtungen ab, wie zum Beispiel die EU-Kommission, die EZB, den IWF, die Troikas oder die EUROFIN-Gruppe.

Der amerikanische Ökonom Robert Sennholz bezeichnete die Vertreter der keynesianischen Volkswirtschaftslehre als „Inflationomics“. Ohne das beliebig vermehrbare staatliche Zwangsgeld würde die Welt jetzt nicht vor dem Abgrund des finanziellen Zusammenbruchs stehen. Die Geschichte des staatlichen Papiergeldes ist laut Friedrich A. von Hayek eine Geschichte von Lug und Trug. Mayer Amschel Rothschild hat treffend gesagt: „Gebt mir die Kontrolle über die Währung einer Nation, dann ist es für mich gleichgültig, wer die Gesetze macht.“ Während die reale Güterwirtschaft aus guten Gründen privatwirtschaftlich organisiert ist, ist das spiegelbildliche Geldsystem ein staatliches Monopol. Realwirtschaft und Geldwirtschaft sind also nicht kompatibel, sie können nicht reibungslos miteinander verzahnt werden, obwohl dies eigentlich selbstverständlich der Fall sein müsste. Aus dieser Diskrepanz resultieren letztlich die immer wiederkehrenden Probleme: Schulden, Inflation, Rezession und übertriebene Konjunkturausschläge.

Wenn das staatlich monopolisierte Geldsystem dem privatwirtschaftlichen Wettbewerbssystem der Realwirtschaft entsprechen würde, könnten diese Probleme weitestgehend gar nicht erst auftreten. Das staatlich monopolisierte Papiergeldsystem ist nicht reformfähig, es ist den marktwirtschaftlichen Prinzipien derart wesensfremd, dass man es durch ein marktwirtschaftlich konformes System komplett ersetzen muss.

Es geht um die Privatisierung des Geldes, wie sie Roland Baader vorgeschlagen hat: In einem ersten Schritt müssten alle staatlichen Regulierungen beseitigt werden, mit denen das staatsmonopolistische Geld zum einzig zulässigen gesetzlichen Zahlungsmittel erklärt wird. In einem zweiten Schritt müssten die Geldmengen in einem festen Umtauschverhältnis zum Gold, das noch in den Kellern der Zentralbanken lagert, fixiert werden. Drittens müssten zum Beispiel private Münzprägeanstalten zugelassen werden.

Die Bürger und Unternehmen müssten die Freiheit haben, bei allen Verträgen und Transaktionen auch anderes, privat geprägtes Geld zu verwenden und zu vereinbaren. Dies natürlich nur im wechselseitigen Einverständnis, wie es bei privaten Vertragsabschlüssen sowieso selbstverständlich ist. Weiterhin müsste es ein verfassungsrechtliches Verbot jeder Art von Steuern und Abgaben auf Wertsteigerungen per privat geprägten Münzen oder auf deren Verwendung geben, also keine Steuern oder Abgaben auf die Münzen selbst, auch wenn die Geschäfte, die damit getätigt werden, weiterhin der Besteuerung unterliegen.

Diese privaten Geldarten würden dann sowohl untereinander als auch gegenüber dem Staatsgeld automatisch in einen Stabilitätswettbewerb treten, und es wäre dabei völlig egal, wohin sich die Preise für Gold und Silber oder für andere unterlegte Sachwerte entwickeln. Der Emittent von privatem Marktgeld hält dieses in eigenem Interesse knapp (also stabil), weil es sonst an Wert (Kaufkraft) verlieren würde, was für ihn einen Verlust bedeuten würde. Durch den Währungswettbewerb würde außerdem Druck auf die EZB ausgeübt, den Euro möglichst stabil zu halten. Anderenfalls würde der Euro gegenüber den konkurrierenden freien Währungen abgewertet. Dies hätte wiederum zur Folge, dass die Leute ihn zunehmend ablehnen würden. Da Staaten und Geschäftsbanken bei einem Währungswettbewerb nicht mehr davon ausgehen könnten, dass die EZB ihnen zu sehr niedrigen Zinsen unbegrenzt Geld zur Verfügung stellt, würde der Druck auf die nationalen Regierungen massiv steigen, endlich ihre Haushalte in Ordnung zu bringen ... und die Banken würden freiwillig ihre Geschäftsrisiken begrenzen.

Durch die freie Wahl der Währung würden Konsumenten und Produzenten vor den Folgen inflationistischer Vermehrung des staatlichen Geldes wirkungsvoll geschützt.

Verfechter des staatlichen Geldmonopols behaupten, dass sich das Geld von allen anderen Gütern unterscheide, dass das „Gresham´sche Gesetz beweise, dass das schlechte Geld das gute Geld aus dem Umlauf verdrängen würde. Daher könne man sich bei der Bereitstellung guten Geldes nicht auf den Markt verlassen. Doch diese Behauptung beruht auf einer Fehlinterpretation von Greshams berühmtem Gesetz, wie Murray N. Rothbard beweist: „Tatsächlich besagt dieses Gesetz, dass vom Staat künstlich überbewertetes Geld künstlich unterbewertetes Geld aus dem Geldkreislauf verdrängt. Angenommen etwa, es wären 1-Unzen-Goldstücke im Umlauf. Nach einigen Jahren wiegen viele der Münzen aufgrund von Verschleiß nur noch 0,9 Unzen. Natürlich wären die abgenutzten Münzen auf dem freien Markt nur 90 Prozent einer vollständigen Münze wert, und diesen abgenutzten Münzen müsste der Nominalwert aberkannt werden. Wenn also etwas aus dem Kreislauf verdrängt würde, so wären es die schlechten Münzen.

Doch angenommen, der Staat würde verfügen, dass jeder die abgenutzten Münzen genau wie frisch geprägte Münzen zu behandeln hätte und sie auch gleichermaßen bei der Rückzahlung von Forderungen annehmen müsste, stellt sich die Frage, was der Staat hiermit tatsächlich getan hat? Er hat dem Wechselkurs zwischen zwei Münztypen gewaltsam einen Zwangspreis auferlegt. Indem er den Parikurs erzwingt, obwohl die alten Münzen mit einem zehnprozentigen Abschlag gehandelt werden müssten, werden die alten Münzen künstlich über- und die neuen Münzen künstlich unterbewertet. Infolgedessen wird jeder die verschlissenen Münzen in Umlauf bringen und die neuen Münzen sammeln oder im Ausland anlegen. Das schlechte Geld verdrängt das gute Geld also nicht auf dem freien Markt, sondern nur als direkte Folge staatlichen Eingriffs in den Markt.“

In Wahrheit bedarf das Geldangebot einer Volkswirtschaft weder einer Herrschaftsmacht (Staat) noch eines hoheitlichen Regulators der Geldmenge. Der Markt sorgt automatisch für die Menge des umlaufenden Geldes, geradeso wie er die Mengen der Konsum- und Kapitalgüter erzeugt, nämlich nach den Gesetzmäßigkeiten von Angebot und Nachfrage und nach Maßgabe des Preises. Geld ist weder ein Konsumgut noch ein Kapitalgut. Deshalb kann man bei einer Vermehrung oder Verminderung einer Menge auch nicht von einem Zuwachs oder einer Minderung von Wohlstand und Reichtum sprechen. Wohlstand und Reichtum ist eine Frage der vorhandenen Menge an Konsum- und Kapitalgütern, nicht aber der vorhandenen Geldmenge.

Alle Ökonomen sind sich einig, dass Monopole schlecht sind. Warum sind dann nur die Vertreter der „Österreichischen Schule der Nationalökonomie" gegen das staatliche Geldmonopol? Die „Mainstream-Ökonomen" behaupten, dass Geld kein normales Gut darstellen würde und daher nur vom Staat verwaltet werden könnte. Aus übergeordneten Gründen würden beim Geld angeblich die Marktgesetze nicht gelten. Diese unsinnige Behauptung kümmert die ökonomischen Gesetzmäßigkeiten freilich herzlich wenig. Das staatliche Geldmonopol ist eine planwirtschaftliche Apparatur, die im Prinzip aus den gleichen Gründen nicht funktioniert, wie alle staatlichen Zentralplanwirtschaften nicht funktionieren. Die Mitarbeiter der EZB sehen das offenbar genauso, oder wie ist es sonst zu erklären, dass sie einen Inflationsschutz ihrer Pensionen fordern? Mit dem Ende des sozialistischen Geldmonopols würde auch das Gewaltmonopol des Staates auf ein erträgliches Maß reduziert werden.

Deutschland, vor 1914, eine Industrienation mit einer Staatsquote von rund 10 Prozent (statt der heutigen von über 50 Prozent!), war keineswegs eine „Anarchie" oder eine „Bananenrepublik" – und auch kein totalitärer Staat. Der Staats-Leviathan konnte erst entstehen, nachdem die Goldwährung (und damit das eigentlich kapitalistische Geld) abgeschafft worden war.

Friedrich A. von Hayek war ein ebenso bescheidener wie nüchterner Gelehrter. Er hätte nicht vom Ende der Zivilisation und vom Marsch in den Totalitarismus geschrieben, wenn er nicht sicher gewesen wäre, dass das staatsmonopolistische Geld unabwendbar – und wie schon mehrfach geschehen – in solche Abgründe führt.

Das staatliche Geldmonopol ist der Dämon unserer Zeit. Es gibt kein gesundes Staatsgebilde mit einem kranken Geldwesen. Wie heißt es so schön bei Henry Ford: „Würden die Menschen das Geldsystem verstehen, wir hätten die Revolution noch vor morgen früh."

Quellen:

Roland Baader: Geld, Gott und Gottspieler, 2. Auflg. Gräfeling 2005

Roland Baader: Geldsozialismus, Gräfeling 2010

Roland Baader: Markt oder Befehl, 2. Auflg., Lichtschlag Nr. 5, Grevenbroich 2014

Roland Baader: Markt und Vernunft, Ludwig von Mises Institut Deutschland, 01.03.2012

Christoph Braunschweig: Wohlfahrtsstaat – leb wohl!, Münster/Berlin 2014

Susanne Kablitz: Bis zum letzten Atemzug, Tönisvorst 2015

Rolf Dobelli: Interview mit der FAS vom 05.08.2012, S. 29

Richard M. Ebeling: The Austrians Theory of the Trade Cycle, Create Space Independent Publishing Platform. 1996

Caspar Hirschi: Das Gerede von der Wissensgesellschaft, in: FAZ vom 01.08.2012, S. 12

Günther Lachmann: Verfallsymptome, München 2014

Thomas Mayer: Europas unvollendete Währung; Weinheim 2013

Ludwig von Mises: Theorie des Geldes und der Umlaufsmittel, 2. Auflg., Berlin 2005

Murray N. Rothbard: Das Schein-Geld-System, 2. Auflg., Gräfeling 2005

Anstand und Moral der modernen „Wählerbestechungsdemokratie“

Der moderne Wohlfahrtsstaat führt durch seine Schuldensucht im Rahmen seiner „Wählerbestechungsdemokratie“ sein eigenes Ende herbei – finanziell und moralisch. „Vernunft wird Unsinn, Wohltat Plage!“, würde Mephisto sagen. „Von der öffentlichen Wohlfahrt über die Finanzkrise in die Unfreiheit“, lautet der Dreisprung von Milton Friedman (1912 - 2006). Sein Ausspruch: „Wenn man das Geld eines anderen ausgeben will, muss man es ihm zuvor erst einmal wegnehmen“, zeigt, worum es geht ... Überschuldung, Zwang, Kontrolle, Überwachung und Verlust der persönlichen Freiheit werden Konsequenzen des Versuchs, Gutes zu tun. Die persönliche Freiheit wird (leider) nur von denen begehrt, die sie nicht besitzen.

Die Schulden-, Finanz- und Eurokrise beschleunigt den gesellschaftlichen und politischen Zerfall unserer permissiven und entchristianisierten Wohlfahrtsgesellschaft. „Wenn es keinen Gott gibt, dann ist alles erlaubt“, liest man bei Dostojewski. Wohlstandsatheismus und Gottvergessenheit zeigen sich laut Josef Kardinal Meißner heute in der allenthalben geschwundenen Menschlichkeit in unserem Lande. Der Wohlfahrtsstaat wird zur Ersatzreligion, raubt den Menschen die Moral und kauft ihnen die Eigenverantwortung, die Selbstständigkeit und letztlich ihre Freiheit ab – gegen das Versprechen materieller Sicherheit und Gleichverteilung durch den Staat. Tatsächlich wird ein soziales Gefängnis errichtet, das „vorsorgender Sozialstaat“ genannt wird. Dieses Gefängnis benötigt keine abschließbaren Zellen und überwachte Mauern. Die Angst vor eigenverantwortlicher Freiheit schließt die Menschen ein. Denn nicht persönliche Freiheit wollen sie, sondern das Glück der vermeintlichen Sicherheit und Bequemlichkeit. Freiheit dagegen ist anstrengend; man muss sie in heller, wacher Lebensführung leisten (Roland Baader).

Die staatlich verwaltete Welt ist dagegen für viele eine Wunschvorstellung. Doch mit dem Terror seiner materiellen Wohltaten rückt der hypertrophierte Wohlfahrtsstaat seinen Bürgern derart auf den Leib, dass sie zu entmündigten Untertanen werden.

Dieser demokratische Despotismus entlastet den Einzelnen von der Mühe des Nachdenkens und der Last des Lebens. Die Menschen werden abhängig von der bösartigen Liebe der Sozialstaatsfunktionäre. „Unglück macht Menschen, Wohlstand Ungeheuer“, schrieb Victor Hugo. Cora Stephan beschreibt die degenerierte Wohlfahrtgesellschaft in der Zeitschrift liberal (Ausgabe 3/2014) wie folgt: „Der gute Sklavenhalter von einst verwirklicht sich heute im Ammenstaat. Die glücklichen Sklaven nennen sich Bürger. Es kümmert sie nicht, dass sie ihren Komfort selbst bezahlen, die milden Gaben von Staats wegen empfinden sie vielmehr als Großzügigkeit, die sie Gerechtigkeit nennen. Die Kälber gehen gern zum Metzger. (...) Wo Eigennutz sich nicht lohnt, entsteht Stillstand. Genau das, was manch einer sich so ersehnt: ob es sich nun um Entschleunigung nennt oder Achtsamkeit oder wie sie alle heißen, sie Wörter aus dem Nähkästchen der Kümmerer. Im deutschen „Muttistaat“ ist es bald wieder soweit.“

Die fortschreitend zunehmende Verdummung und Infantilisierung der Gesellschaft wird systematisch von den machtloyalen Massenmedien betrieben. Es herrscht der übellaunige, zwangsironisierte Nörgelton der politisch Hyperkorrekten und Dauerbesorgten, der Schönredner, der Weggucker und der Besserwisser. Die selbstverliebten Pfuscher der öffentlichen Meinung sind linke Opportunisten. Sie sind schlau, clever und recht geschickt in ihrer Vorgehensweise – und ganz nebenbei achten sie sehr genau darauf, dass es ihnen persönlich materiell sehr gut geht. Ein schlechtes Gewissen kennen sie nicht, wenn sie den irren Kult um Zuwanderung, Genderpolitik, Kapitalismusschelte und Klimakatastrophe täglich zelebrieren und ständig neu befeuern. Denn sie haben eben nur eine gewisse Intelligenz, aber keine klassische Bildung und somit auch keine Kompetenz.

Nicht die Politikverdrossenheit ist das Problem der modernen Wohlfahrtsgesellschaft, sondern die infantile Haltung der Bürger gegenüber dem Staat. Man hat es mit Menschen zu tun, die den Politikern zutiefst misstrauen (zu Recht!) und zugleich alles vom Staat erwarten. Die betreuende Bevormundung und Entmündigung führt zur egoistischen Anspruchshaltung aller gegen den Staat. Sozialstaatspolitik erzeugt also genau den Geisteszustand, gegen den jede Aufklärung kämpft. An die Stelle von Freiheit und Verantwortung treten kollektivistische Gleichmacherei und Überwachung. Ein Netz kleiner, präziser Vorschriften liegt über der Existenz eines jeden Menschen und macht ihn auch in den kleinsten Angelegenheiten abhängig von der Staatsbürokratie.

Johannes Gross: „Alle Herrschaft des Menschen über Menschen stellt eine Anmaßung dar, die durch keine Legitimation zu rechtfertigen ist." Zwar haben die „fröhlichen Sklaven" (Norbert Bolz) unter kapitalistischen Bedingungen fast alle einen akzeptablen Lebensstandard, aber eben um den Preis ihrer Freiheit. Der dressierte Sozialstaatsbürger setzt sich nicht für die Werte der abendländischen Kultur ein (christliche Grundwerte, Wettbewerb und Vielfalt), er ist stattdessen voll und ganz mit dem würdelosen Kampf ums größte Stück vom Sozialkuchen beschäftigt. In dieser Schacherdemokratie ist für Anstand und Moral nicht mehr viel Platz. (Roland Baader)

Der Widerstreit zwischen Freiheit und Gleichheit ist der bemerkenswerteste Zug in den Geschichtsepochen (John Stuart Mill). In der deutschen Philosophie ist die Neigung unverkennbar, Platon mit seiner sozialistischen Staatsutopie gegenüber Aristoteles den Vorzug zu geben. In der angelsächsischen Welt hingegen ist die Vorliebe für Aristoteles größer, wie bereits im Kapitel 6 näher erläutert wurde. Hier ist nicht der Platz, die verhängnisvolle deutsche Idiosynkrasie bis zu ihren historischen Wurzeln zurückzuverfolgen bzw. aufzuzeigen. Sie ist jedenfalls auch das Resultat gescheiterter Selbstüberschätzung und überkompensierter Schuldkomplexe, die zu einer Art pathologischem Selbstbewusstsein geführt haben.

Zur Psyche der Deutschen gehört ihre Fähigkeit, sich die Realität so vorzustellen, wie sie sie brauchen. Sie neigen aufgrund ihrer obrigkeitsstaatlichen Prägung und ihres auffallend starken Sozialneides traditionell zum Sozialismus. Deshalb ziehen sie die gleiche Verteilung des Unglücks der ungleichen Verteilung des Glücks vor. Nobert Bolz: „Mit der Freiheit verlieren viele Sozial-Sozialisten den Mut – und damit die Motivation. Dann wecken Freiheit und Wohlstand anderer nur noch Frustration. Wer die Freiheit als eigene Chance versäumt hat, hasst die Freiheit anderer. Aber dieser Frust verkleidet sich als paternalistischer Wohlfahrtsstaat, der durch zwangsweise Umverteilung vermeintlich für soziale Gerechtigkeit sorgt. Der betreuende Sozialstaat entzieht seinen Bürgern Freiheiten, um sie zu besseren Menschen zu machen und vor sich selbst zu schützen."

Das ist der eigentliche Kern aller sozialstaatlichen Attitüden.

Die Kollektivisten in allen Parteien hassen Adam Smith für die Beschreibung einer unleugbaren Tatsache: Nicht Moral lässt die Geschichte funktionieren, sondern Eigeninteresse. Das Ganze funktioniert, weil – und nicht obwohl – jeder seine Interessen verfolgt. Doch das stört die Linksideologen gewaltig. Grundlage ihrer Machtausübung ist es, die Freiheit immer nur in Aussicht zu stellen. Für Adam Smith hingegen kam es darauf an, sie konkret umzusetzen. Es braucht keine Wunder, es braucht keine Fürsten, keine Revolutionsführer, keine Intellektuellen und keine Partei. Es braucht nur Menschen, die daran interessiert sind, voranzukommen. Das nun geht gegen jedes politische Geschäftsmodell von Mächtigen ... und die Eliten haben das dem Kapitalismus nie verziehen. Nur mit antikapitalistischem Genörgel gewinnt man in Talk-Shows. Die Grundannahme der Intellektuellen lautet, dass der Kapitalismus schlecht ist; nimmt man ihnen das weg, wissen sie nicht mehr weiter. Deshalb weigern sie sich vorsorglich, diese Sache überhaupt zu diskutieren. Für sie gilt der Spruch von Wiglaf Droste: „Ist das Hirn zu kurz gekommen, wird gern die Moral genommen."

Treffend formulierte I. D. Brandeis (US-Supreme Court) im Jahre 1927 die Ursache der sozialstaatlichen Raserei und Schuldenmacherei des Wohlfahrtstaates: „Die größten Gefahren für die Freiheit lauern in heimtückischen Eingriffen durch Eiferer mit gutem Willen, aber ohne Verständnis." Das Ergebnis sind die entmoralisierten „fröhlichen Sklaven" der Sozialstaatsbürokratie.

Infolge ordnungspolitischen Versagens des Staates, ist der Finanzsektor heute völlig entartet. Seit *Goldman Sachs* und *Blackrock* neben Karl Marx und Lenin getreten sind, bedroht der auf Enteignung zielende Kollektivismus die freie Gesellschaft. Die moralphilosophischen Grundlagen des klassischen Liberalismus werden mit Füßen getreten. Auf Dauer gehen so Freiheit, Anstand und Moral verloren. Es ist kein Zufall, dass im Dienste von Wall Street und Washington die Abschaffung von Bargeld gefordert wird: Nur der gläserne „Steuerbürgerkonsument" (Holger Steltzner) kann bestens überwacht, verführt, geschröpft und bei Bedarf auch noch enteignet werden. Und die ganze EU-Politik läuft zudem auf eine Verstaatlichung des Menschen hinaus.

Quellen:

Roland Baader: Babylons Türme stürzen ein, in: factum Magazin, Interview vom 15.06.2009

Roland Baader: Die belogene Generation – Politisch manipuliert statt zukunftsfähig informiert, 3. Auflg., Gräfeling 2001

Roland Baader: Der Dekalog als Verfassung der Freiheit, in: ef-Magazin, Nr. 3, Juli 1998, S. 87 ff.

Roland Baader: Die Euro-Katastrophe – Für Europas Vielfalt – Gegen Brüssels Einfalt, Böblingen 1993

Roland Baader: Freiheitsfunken, 2. Auflg., Lichtschlag Nr. 17, Düsseldorf 2012

Roland Baader: Geld, Gott und Gottspieler, 2. Aufl., Gräfeling 2005

Roland Baader: Geld, Moral, Zivilisation, Erstveröffentlichung: Smart Investor, Nr.1/2007, S. 14 - 18

Roland Baader: Voodoo-Ökonomie, Erstveröffentlichung: Criticón, Nr. 178/179, (2003), S. 24 - 26

Christoph Braunschweig: Anstand und Moral unserer „Schacherdemokratie", Beitrag für das Ludwig von Mises Institut Deutschland vom 13.06.2014

Christoph Braunschweig: Die demokratische Krankheit, München 2012

Christoph Braunschweig: Wohlfahrtsstaat – leb wohl!, Münster/Berlin 2013

Susanne Kablitz: Bis zum letzten Atemzug, Tönisvorst 2015

Susanne Kablitz: Mythen der Demokratie, Blog Jenseits der Illusionsbedürftigkeit, Juli 2013

Norbert Bolz: Die ungeliebte Freiheit, Paderborn 2010

Johannes Gross: Unsere letzten Jahre, Stuttgart 1981

Gregor Hochreiter: Geld, Gesellschaft, Zukunft, Gräfeling 2014

Wolf Lotter: Das Gute und die Bösen, in: BRAND EINS, 09/11, S. 42 ff.

Holger Stelztner: der böse Sparer, in: FAZ vom 21.11.2014, S. 15

Brigitte Witzler: Die Diktatur der Dummen, München 2014

Scheitert das westliche Demokratiemodell?

Der schuldeninduzierte Wohlfahrtsstaat auf der Grundlage des staatlichen Geldmonopols, die ökonomisch unverantwortliche EU-Währungsunion, ein fragwürdiges Wahlsystem in Verbindung mit staatlicher Parteienfinanzierung, ein fehlkonstruiertes Renten- und Krankenversicherungssystem, eine negative demografische Entwicklung sowie eine permissive, gleichgültige Gesellschaft, die ihre Werte und ihren Zusammenhalt verliert, sind die Klippen, an denen das westliche Demokratiemodell zu scheitern droht.

Friedrich Nietzsche sah, wie sich gewachsene Kulturen selber auflösen, wie Gesellschaftsordnungen und Moral relativiert werden. Er prophezeite einen europäischen Nihilismus, in dem die alten Wert- und Lebensordnungen verloren gehen. Alexis de Tocqueville und Edmund Burke warnten vor der fortschreitenden Schwächung des Christentums bzw. dem Atheismus als dem ärgsten Feind der bürgerlichen Gesellschaft.

Und in der Tat: Das Aufwachsen von Kindern zu Hause in einer normalen Familie, Anstandsregeln, Schamgefühle und Intimitätsbedürfnisse werden inzwischen nur noch als Relikte einer bürgerlichen Gesellschaft aufgefasst, die es zu überwinden gilt.

Der fehlende Gottesbezug in der EU-Verfassung ist nicht nur Beleg für die Entchristlichung des Abendlandes, sondern auch ein Zeichen für den Niedergang der Freiheitsrechte. Die vom Christentum abgefallenen Sozialstaatsbürger glauben nicht nichts, sondern alles (Mögliche). Das ist das Einfallstor für all die falschen Propheten, die z. B. das politische Kampfwort „soziale Gerechtigkeit“ (quasi als Religionsersatz) wie eine Monstranz vor sich her tragen, die dem „Sozial-Sozialismus“ frönen und vom wärmenden Kollektiv einer zentralistischen „EUdSSR“ schwärmen, in der sich die Reichen (sprich die Deutschen) als Gutmenschen selbstverständlich solidarisch mit den Armen (sprich den Südosteuropäern) zeigen; auch wenn sie sich die finanzielle Solidarität gar nicht leisten können.

Während sich die Geburtenrate inzwischen mehr als halbiert hat, ist auch die volkswirtschaftliche Kapitalbildung – relativ zum Sozialprodukt – auf die Hälfte gefallen, so dass also beide Säulen der Altersvorsorge gleichzeitig zusammenbrechen.

Die Hauptursache ist das fehlkonstruierte Rentensystem. Hinzu kommt, dass die verhängnisvolle Einführung des Euros eine „verdeckte" Währungsreform war, die den völlig überschuldeten Staaten den Aufbau neuer, zusätzlicher Kreditpyramiden ermöglichte. Die überschuldeten Staatshaushalte und das zynische Schneeballsystem der Finanz- und Sozial„industrie" führen zwangsläufig in den Crash, der nur noch durch Tricks zeitlich hinausgezögert wird. Bei Unternehmen nennt man das Konkursverschleppung – eine Straftat! Die staatlichen Zentralbanken können nur noch entweder ihre künstlich aufgeblähte Geldmenge zurückfahren (dann krachen die Banken) oder weiterführen (dann folgt die Preisinflation).

Das Umlügen der Schulden-, Finanz- und Eurokrise in eine angeblich rein monetäre Krise, die durch Gelddruckerei und weitere Schuldenmacherei irgendwann wie von selbst verschwinden werde, kennzeichnet das geradezu niederträchtige Geschäft der politischen Klasse und auch der meisten Medien. Es handelt sich um einen politischen Prozess von solcher Tragweite – mit einem solchen Ausmaß an Unwissenheit, Dummheit, Verbohrtheit, ideologischer Verblendung, Zynismus und Lügenhaftigkeit –, dass einem der Atem stockt. Und das Ausmaß an Uninformiertheit, Dummheit, Gleichgültigkeit oder zynischem Desinteresse der Bevölkerung ist unverzeihlich. Diese Entwicklung wird verhängnisvolle Konsequenzen nach sich ziehen. Die Ursachen dieser desaströsen Entwicklung sind so vielschichtig wie ein komplexes medizinisches Krankheitsbild – man könnte von der „demokratischen Krankheit" der Wohlfahrtsstaaten sprechen. Wie ein heimtückisches Krebsgeschwür frisst sich die „demokratische Krankheit" in die Gesellschaft.

Lange Zeit bleibt der Patient schmerzlos. Doch wenn er plötzlich starken Schmerz spürt, ist es zu spät. Dann lautet die Diagnose: unheilbar! Für den Patienten, in diesem Fall also die erkrankte Gesellschaft, heißt es dann: Wohlfahrtsstaat – leb wohl!

Das staatliche Geldmonopol ist ein Hauptkrankheitserreger der „demokratischen Krankheit". Es setzt den fatalen Teufelskreis aus Politikerversprechen und Wähleranspruch in Gang, der die kollektive Unvernunft unserer Wählerbestechungsdemokratie widerspiegelt. Solange der Staat mit Hilfe seines Geldmonopols die Verschuldungsspirale immer weiter drehen kann, wird sich an der schamlosen Staatsverschuldung zu Lasten der nachfolgenden Generationen nichts ändern. Ohne das staatliche Geldmonopol auf beliebige Geldvermehrung ließe sich das korrumpierende Füllhorn des Wohlfahrtsstaats nicht permanent wieder auffüllen. Denn ist die Anzahl der Empfänger staatlicher Sozialleistungen erst mal höher als die Zahl der Nichtempfänger, gibt es kein Zurück mehr. Der Wohlfahrtsstaat wählt sich buchstäblich in die Pleite!

Das staatliche Monopolgeld ist seinem Wesen nach ein marktfremdes Geld, das in Verbindung mit künstlich niedrig gehaltenen Zinsen permanent zu schweren Störungen der Volkswirtschaft führt: Fehlallokation von Ressourcen, Fehlinvestitionen, übertriebene Konjunkturausschläge, periodisches Platzen von immer größeren Vermögenspreisblasen, Arbeitslosigkeit, Inflation und schlimmstenfalls Währungsreform (Ludwig von Mises). Hohe Staatsverschuldung ist stets eine vorweggenommene Massenenteignung. Der materiellen Enteignung der Privatvermögen geht eine „Enteignung des Denkens" voraus (Thor v. Waldstein). Die „Österreichische Schule der Nationalökonomie" hat vor den verhängnisvollen Konsequenzen dieser Fehlentwicklungen vergeblich gewarnt. Prosperität und Wohlstand werden nicht mehr in Abhängigkeit von Sparen und Investieren verstanden.

Die keynesianisch geprägten „Mainstream-Ökonomen“ lieben die falschen ökonomischen Theorien, weil es sich mit ihnen im Schlagschatten der Politik und unter vollem Segel des Zeitgeistes ganz reputierlich leben lässt. Da sie selber vom staatlichen Geld- und Finanzsystem profitieren, geben sie sich betont „staatsfromm“ und huldigen der (längst gescheiterten) keynesianischen Theorie, zumal diese der politischen Klasse eine pseudowissenschaftliche Begründung für deren schamlose Schuldenpolitik im Rahmen ihrer schäbigen „Wählerkorruption“ (Thorsten Polleit) liefert. Mit massiven Geldspritzen versuchen die Regierungen und die „Mainstream-Ökonomen“ gegen die Schulden- und Eurokrise vorzugehen. Seit Jahren flutet das staatliche Zentralbanksystem im Rahmen der Finanzierung der immer weiter steigenden Staatsverschuldung die Finanzmärkte mit potentiell inflationärer Liquidität in immer höheren Dosen. Gift wird mit noch mehr Gift bekämpft. Es findet eine ständige Ausweitung der ungedeckten Geldmenge über die Finanz- und Kreditmärkte statt. Es ist natürlich bequemer, sich einzureden, Staatsschulden würden für das Gemeinwohl eingesetzt – damit bekommt Verantwortungslosigkeit einen besseren Klang. (Roland Baader)

Unser „Wohlstand“ besteht mehr und mehr aus Schein und Illusion, weil die meisten Menschen nicht verstehen, dass die gigantischen Staatsschulden ihre eigenen Schulden sind. Der in Wirklichkeit stattfindende Kapitalverzehr ist für die meisten Menschen noch nicht sichtbar bzw. unmittelbar spürbar; die langsam verfallende Infrastruktur wird z. B. bislang nur von Experten thematisiert. Die meisten Leute sind denkfaul und wollen sich mit solchen Themen nicht weiter beschäftigen; sie haben sich sozusagen selbst anästhesiert und entmündigt. Naiv huldigen sie z. B. einem vermeintlichen Umwelt- und Konsumentenschutz, der das Ergebnis geschickter Lobbyarbeit ist und im Endeffekt in die staatliche Planwirtschaft bzw. „Kommandowirtschaft“ (Wilhelm Röpke) führt.

Die Diskrepanz zwischen der hohen Leistungsfähigkeit der deutschen Wirtschaft und der erschreckend niveaulosen gesellschaftspolitischen Realität ist frappierend. Die Wortführer der jungen Generation, die sich selber ohne Scham als „Generation Doof“ bezeichnet, sind eine Mischung aus „Irgendetwas-mit Medien-Prekariat“ und ungebildeten, aber ideologiebeseelten „Polittrog-Dränglern“. Es ist die Idiotie unserer Zeit, dass eine ehrgeizige und beschränkte politische Avantgarde und ihr aggressives Mitläufertum keinerlei Widerspruch dulden, obwohl sie bestenfalls hochgestochenen Unsinn verbreiten.

Die Regierung denkt, was die Leute denken, die nicht denken. Die „Info-Dementen“ (Botho Strauss) unserer sogenannten Informationsgesellschaft stehen für die Kapitulation des Geistes, sie lassen sich vom narzisstischen Geschwätz der Meinungsführer in Politik und Medien bevormunden (Arnulf Baring). „Neo-Liberalismus“, „Raubtierkapitalismus“ und „Globalisierung“ haben die Misere nicht verursacht, sondern das Ansinnen der Politik, Logik und Moral der Marktwirtschaft außer Kraft zu setzen. Doch der Versuch, ökonomische Gesetzmäßigkeiten auszuhebeln, scheitert immer. (Wolfram Engels) Es ist paradox und zugleich tragisch, dass die krisenhafte Entwicklung dann der Marktwirtschaft bzw. dem Kapitalismus in die Schuhe geschoben wird, obwohl eindeutig staatliches Versagen zugrunde liegt – insbesondere die völlige Negierung aller ordnungspolitischen Grundsätze, wie z. B. die Einheit von Haftung und Risiko. Lösungen werden ausgerechnet vom Staat verlangt, der sich natürlich nicht zweimal bitten lässt, um mit seinem Interventionismus und den fatalen Rettungsmaßnahmen munter fortzufahren.

Wenn sich im Zeichen von Fiskal-, Schulden- und Bankenunion der zentralistische Oktroy der EU-Elite durchsetzt, läuft das auf das Gegenteil jener Demokratie hinaus, für die Europa bisher stand. Die Opfer dieser Politik sind die Bürger selber, was sie aber wegen der ideologischen

Dauerberieselung der Massenmedien gar nicht reflektieren, zumal sie einer strikten Zensur, der politischen Korrektheit, unterworfen sind.

Praktisch alle massiven Probleme, die Europa inzwischen schütteln, gäbe es ohne den Euro gar nicht. Doch die Propaganda von Politik und Medien beschwört von morgens bis abends unaufhörlich den „Endsieg des Euro". Dabei sagt einem schon der gesunde Menschenverstand, dass Schulden nicht mit noch höheren Schulden bekämpft werden können – und eine Währung, die gerettet werden muss, gar keine Währung ist.

Wenn eine große Staatengemeinschaft sich zum Gelddrucken entschließt, führt das automatisch zu Rechtsbrüchen und damit zu einem Verfall von Demokratie und Rechtsstaatlichkeit – bis die Parlamente nur noch formale Hüllen sind (Michael Maier). Darüber hinaus führt der sich abzeichnende Schuldenbankrott des überzogenen Wohlfahrtstaates zu einer Krisis, die auch einen moralischen Werteverfall der Gesellschaft mit sich bringt. Zunächst ist es der Staat selbst, der mit permanenten Rechtsbrüchen Anstand und Moral seiner Bürger untergräbt. Der Bürger ist wiederum vollauf mit dem würdelosen Gerangel um die fettesten Brocken vom „Sozialkuchen" beschäftigt (Roland Baader). Die Menschen kümmern sich letztlich nur noch um sich selber, zumal sie glauben, mit ihrer gewaltigen Steuerlast schon genug für andere getan zu haben. Und jede Geldentwertung bzw. Finanzrepression (Vermögensverzehr, weil die Zinsen unterhalb der Preisinflationsrate gehalten werden) verteilt Vermögen in riesigem Stil um, nämlich weg von den privaten Sparern und hin zum verschwenderischen Staat und zur ausufernden Finanzindustrie. Der Verlust der Ersparnisse der kleinen Leute ist am Ende die traurige und unmoralische Konsequenz des überbordenden Sozialstaates mit seiner (ungedeckten) Schuldenfinanzierung. Für den Sparer und Geldanleger heißt es – nicht nur im Hinblick auf eine Altersvorsorge: Nichts ist mehr sicher! Eine kluge Geldanlage in der Schuldenkrise ist heute nur noch im Rahmen der Erkenntnisse der „Österreichischen Schule der Nationalökonomie" (Austrian Investing) möglich.

Die staatliche Parteienfinanzierung und das Prinzip der kandidatengebundenen Listenwahl haben es der politischen Kaste erlaubt, sich den Staat regelrecht zur Beute zu machen. Die kandidatengebundene Listenwahl erzeugt eine systematische Negativauswahl des politischen Führungspersonals. „Die schlimmsten unter den Zeitgenossen werden Politiker", heißt es bei Gerhard Radnitzky. Eine Gesellschaft „wird vergehen, sobald die legislative Befugnis verderbter als die exekutive ist", wusste schon Montesquieu.

Unsere heutigen kostspieligen Show-Veranstaltungen, „Wahlkämpfe" genannt, führen zu einer Tyrannei der tumben Mehrheit (Alexis de Tocqueville, John Stuart Mill), die durch eine demokratisch nicht legitimierte EU-Elite gelenkt und beherrscht wird. Die parlamentarische Demokratie mutiert zur reinen „Fassadendemokratie" (Dietrich Eckardt). Die Regierungen brechen Recht und Gesetz – den Bürgern werden Brot und Spiele geboten. Unser „Parteiensyndikat" (Dietrich Eckardt) hat sich folglich ein rein utilitaristisches Wertekonzept zugelegt, das durch situative Unberechenbarkeit aller Akteure und Motive charakterisiert ist. Wer die bewährten Normen und Werte der bürgerlichen Gesellschaft derart zur willkürlichen Manövriermasse politischer Taktik zum ausschließlichen Zweck der Machtgewinnung oder Machterhaltung degenerieren lässt, arbeitet am Niedergang von Freiheit und Wohlstand. Das Aushorchen der Meinungen ist die Hauptsorge der Regierenden. (Gertrud Höhler)

Dadurch zerbröckeln alle Anschauungen und es wächst die Gleichgültigkeit der Massen gegen alles, was ihnen nicht unmittelbaren Vorteil bringt. Bei den Wählermassen ist eine geringe Urteilsfähigkeit, ein Mangel an kritischem Denken, Erregbarkeit, Leichtgläubigkeit, Sozialneid und Einfalt festzustellen. Ein Politiker, der in unserer Gefälligkeitsdemokratie Erfolg haben will, muss dem Wähler schmeicheln und es vermeiden, mit Vernunftgründen etwas beweisen zu wollen. So degeneriert die Demokratie zur Herrschaft des Mobs (Edmund Burke). Die Wählermassen haben nur eingeflößte, nie vernünftige

Meinungen. Der offenbare Unsinn mancher Grundanschauungen war deshalb nie ein Hindernis, zum politischen Evergreen zu werden, wie das Beispiel des Sozialismus eindrücklich zeigt (Gustave Le Bon). Die Diskrepanz zwischen dem hohen Niveau der deutschen Wirtschaft und der gesellschaftspolitischen Realität ist beängstigend. Deutschland vergreist, verdummt und verliert sukzessive sein Volksvermögen, während sozialistische Ideen die Politik dominieren – die bürgerlichen Parteien eingeschlossen.

Die Union hat das Erbe von Ludwig Erhard, um das uns die Welt heute noch beneidet, einfach verscherbelt und das „C" im Parteinamen ad absurdum geführt. Wir ziehen Gleichheit und (vermeintliche) Sicherheit im staatlichen Kollektiv der eigenverantwortlichen Freiheit vor. Denn die Freiheit ist uns viel zu anstrengend, zumal sie Selbstverantwortung und einen stets wachen Geist erfordert. Dem dressierten Sozialstaatsbürger steht der Sinn nach satter Bequemlichkeit und permissivem Zeitvertreib. Hauptsache, der Kühlschrank ist gut gefüllt, das Fernsehprogramm unterhaltsam und die Bundesliga spannend. Kritiker, die ihn wachrütteln, werden als Störenfriede und Querulanten – nötigenfalls auch als „Rechtspopulisten" – abgebügelt.

Diese Aufgabe erfüllen die machtloyalen Medien mit deutscher Gründlichkeit. „Denn sie wissen nicht, was sie tun" – möchte man all denjenigen sagen, die auf der Welle des Zeitgeistes surfen, selber aber keinen Verstand haben. Die mehr und mehr resignierenden Wähler wissen, dass sie zwar Wahlen abhalten und Regierungen austauschen können, dadurch aber dennoch nichts verändern. Der degenerierte und völlig überschuldete Wohlfahrtsstaat ermöglicht nur noch den Wechsel von Personen, nicht der Politik.

Die Entwicklung des Wohlfahrtsstaates zum „Schulden-Sozialismus" (Wolfram Weimer) führt letztlich zum finanziellen und moralischen Zusammenbruch. Die moralische Negativentwicklung lässt sich beispielsweise am Bewusstseinswandel der Eliten ablesen. Günther Lachmann nennt diesbezüglich einige Facetten einer immer übleren Entwicklung:

- Es geht um die Abgreif-Mentalität von angestellten Vorständen und Spitzenmanagern, die sich skrupellos aus den Kassen ihrer Unternehmen bedienen und Bezüge in unglaublicher Höhe einsacken. Nach der Übernahme der Mannesmann AG durch Vodafone erhielt der Mannesmann-Vorstandvorsitzende eine Abfindung in Höhe von 60 Millionen DM, viele seiner früheren Mitarbeiter dagegen Kündigungsbriefe.

- Es geht um die Entwicklung hin zu selbstherrlichen und arroganten Auftritten von Führungskräften, die in der alten Bundesrepublik völlig undenkbar waren. Ein erster Einbruch in dieser Richtung war die „Peanuts-Aussage“ des damaligen Deutsche-Bank-Chefs Hilmar Kopper auf einer Pressekonferenz zum Konkurs des Baulöwen Schneider. In Erinnerung ist auch noch die „Victory-Pose“ von Josef Ackermann im Mannesmann-Vodafone-Prozess um die erwähnte Esser-Abfindung, der damit seine geringe Achtung irgendwelcher Gerichte sehr deutlich machte.

- Zu nennen ist das Consulting-Unwesen in den Firmen, in denen externe Berater rigorose Entscheidungen zur Personaleinsparung treffen und die Führungskräfte die Ratschläge als unumstößlichen und objektiven Ratschluss direkt umsetzen, egal wie viele Mitarbeiter auf die Straße gesetzt werden.

- Ebenso die Konformität der jungen Führungskräfte, die nicht mehr durch konstruktive Kritik und kluge Analyse weiterkommen, sondern nur durch kritik- und widerspruchslose Umsetzung von Anweisungen. Wer vor den „geföhnten Kens und Barbies“ (Thomas Sattelberger) nicht performt, der fliegt.

- Das Verhalten der Politiker passt in dieses traurige Bild. Das politische Personal erfüllt die Mindeststandards nicht mehr, die früher galten. Dass mit Annette Schavan ausgerechnet die Wissenschaftsministerin der unsauberen wissenschaftlichen Arbeit überführt wurde, nachdem sie sich vorher über das Dissertationsplagiat des Verteidigungsministers von Guttenberg fremdgeschämt hatte, ist ein wirklich guter Gradmesser eines fortschreitenden Verfalls von Werten. Bezeichnend ist auch, dass Frau Schavan, die ihren Doktor-Titel ohne einen Diplomabschluss erlangt hatte, nicht in der Versenkung verschwindet, sondern Botschafterin der Bundesrepublik im Vatikan geworden ist. Seriosität ist nicht mehr notwendig zur Bekleidung von Ämtern und Botschafterposten. Den Niedergang der politischen Elite kann man auch an der Euro-Rettungspolitik ablesen, denn hier wird eine fatale Politik der Schuldenhaftung, die vor allem die Jüngeren belasten wird, als „alternativlos" verkauft. Wer sich ein Bild von der Seriosität der Euro-Rettungspolitik machen will, der sollte sich den Panorama-Fernsehbeitrag ansehen, in dem Abgeordnete kurz nach der Abstimmung über die Europäische Finanzstabilisierungsfazilität (EFSM) gefragt wurden, was sie eigentlich gerade beschlossen hätten ... und keine Antwort wussten. Diese Euro-Rettungsaktionen waren die Bankrotterklärung der Politik zugunsten der Banken. Denn heute weiß jeder, dass das Geld, das an die Griechen überwiesen wurde, postwendend in den Bilanzen der Banken landete, die dem Land über viele Jahre leichtsinnig Kredite vergeben und daran gut verdient hatten. Jetzt, da die Wette geplatzt war, wälzten sie die Verluste mit Hilfe der Politik auf die Steuerzahler ab.

- Trotz der Schuldenkrise haben sich die Vermögen der politischen Parteien in den vergangenen Jahren vervielfacht, sie haben sogar mehr Vermögen angehäuft als je zuvor. Die Parteien haben sich den Staat regelrecht zur Beute gemacht und ihre Machtposition genutzt, dem Steuerzahler eiskalt Millionen abzunehmen. Darüber hinaus schanzen sich die Parteien übermäßig hohe Diäten zu, um einen Teil an ihre Partei-Organisationen abführen zu können. Ohne die Parteien sind die meisten der heutigen Berufspolitiker nichts, und die Parteien fordern ihren Tribut für dieses perverse Machtsystem.

- Ob global oder national, es ist eine ökonomische und politische Elite der Angepasstheit bei gleichzeitiger Maximierung des eigenen Nutzens entstanden, eine peinliche Schicht von Abzocker-Managern und

Politikdarstellern, deren Moralvorstellungen und deren Raffgier in früheren Zeiten ausgereicht hätten, sie auf dem Marktplatz an den Pranger zu stellen. Für große Teile der Bevölkerung werden die Zeiten immer unsicherer, sie werden in immer prekärere Lebensverhältnisse gedrängt. Damit aber können die Eliten gut leben, solange sie nicht selbst davon betroffen sind bzw. vor den Auswirkungen geschützt werden.

Um den Bankrott der überschuldeten Wohlfahrtsstaaten zeitlich noch weiter hinauszuzögern, wurde ein hypnotisches Pyramidenkonstrukt geschaffen. Die Einführung des Euro diente dazu, neue Schuldenpyramiden aufbauen zu können. Man kann die Euro-Einführung deshalb auch richtigerweise als vorweggenommene Währungsreform bezeichnen. Gleichzeitig diente die Euro-Einführung den EU-Eliten dazu, letztlich eine Schulden- und Transferunion zu erzwingen, in der sich am Ende der deutsche Nationalstaat wie ein Stück Zucker im heißen Tee auflöst – zugunsten der EU-Demokratur im Sinne einer EUdSSR.

Ökonomisch ist der Euro selbstverständlich eine Fehlkonstruktion: Man hat die EZB geschaffen, die von den Regierungen benutzt werden kann, um sich zu finanzieren und die maroden „Zombiebanken“ zu Lasten des Steuerzahlers weiter durchzuschleppen. Die überschuldeten Krisenstaaten können sich indirekt über das Bankensystem billig bei der EZB bedienen. Die Folgen dieser „Moral-Hazard-Politik“ tragen alle anderen automatisch mit. Dies kommt gerade zu einer Einladung an die Regierungen gleich, weitere Defizite anzuhäufen, statt die dringend notwendigen Strukturreformen anzugehen, was allerdings kurzfristig Wählerstimmen kosten kann.

Es ist geradezu verblüffend zu sehen, mit welcher intellektuellen Geschicklichkeit die Finanzindustrie (mit Rückendeckung der Politik) immer feiner gesponnene Finanzprodukte bzw. Finanzkonstruktionen erfindet, die letztlich nur dazu dienen, die Verschuldungsspirale noch eine Runde weiter zu drehen – und sich dabei ganz nebenbei schamlos zu bereichern.

Irgendwann wird es diesen Finanzjongleuren noch gelingen, Schulden in Vermögen umzudefinieren.

Irgendwann werden dennoch alle Beteiligten anerkennen müssen, dass das alles nur eine von den staatlichen Zentralbanken aufgepumpte Blase ist, die man nicht länger aufrechterhalten kann. Und Panik wird einsetzen.

Die Geschichte hat gezeigt, dass es immer so abläuft.

Es ist nicht vorauszusehen, was der Auslöser oder Katalysator sein wird, aus welcher Richtung der schwarze Schwan kommen wird. Aber kommen wird er auf jeden Fall. Es wird keine Kaufofferten mehr geben, und die Zentralbanken werden nicht in der Lage sein, den Zusammenbruch aufzuhalten. Der normale Bürger wird eines Tages aufwachen und feststellen, dass seine Bankguthaben auf die Hälfte geschrumpft sind, er nur noch 200 Euro pro Tag abheben kann und Kapitalverkehrsbeschränkungen es ihm unmöglich machen, beliebige Geldtransfers in andere Länder zu tätigen. Christine Lagarde, die französische Geschäftsführerin des IWF, wird dann gegenüber der Presse erklären: Wir brauchen einen Neuanfang, der es im Interesse aller Bürger ermöglicht, Wachstum zu initiieren und den Wohlstand gerecht zu verteilen. Kommentar überflüssig! Die fetten Jahre gehen so oder so zur Neige. Noch tanzt Europa – im vielleicht letzten Zeitabschnitt – vor heranrückenden schweren Jahren.

Bei Roland Baader heißt es in *Kreide für den Wolf*: „Mitten im ausgelassenen Sommertags-Fest beginnen die Feinfühligen zu frösteln." Gregor Hochreiter: „Es ist das Kreuz der Feinfühligen wie der Weitsichtigen, dass ihre Mahnungen und Warnungen in der wärmenden Sonne eines Hochsommertages ungehört verhallen. Der Sprung ins kühle Nass, der Duft des am Grill brutzelnden Koteletts, das Zischen der sich öffnenden Bierflasche – wer möchte dieses Vergnügen nicht bis ins Letzte auskosten?"

Fest steht: Alleine schon im Hinblick auf die stark negative demografische Entwicklung können die aufgelaufenen Schuldenberge im Endeffekt nur noch durch Verrechnung der Staatsschulden mit den privaten Vermögen bereinigt werden. Die staatstragende Mittelschicht wird zwangsläufig enteignet werden – die Folgen für unsere Demokratie sind absehbar.

Der Ökonom Lawrence Reed hat die Gründe für den Untergang des Römischen Reiches untersucht. Die Parallelen zur Gegenwart sind geradezu verblüffend: „Um in den Tagen des zusammenfallenden Römischen Reiches Tribun zu werden, bestach Clodius die Wähler, indem er ihnen kostenloses Getreide auf Kosten des Steuerzahlers versprach. Er gewann die Wahl – und immer mehr Römer hatten das Gefühl, es sei lukrativer, auf Staatskosten zu leben als zu arbeiten. Kandidaten gaben hohe Summen aus, um gewählt zu werden. Waren sie einmal im Amt, plünderten sie die Bürger aus, um ihre Versprechen halten zu können. Im Zuge der gewaltigen Schuldenkrise senkte die Regierung die Zinsen auf Null und weitete die Kreditvergabe dramatisch aus.“ Die Staatsausgaben wuchsen ins Unermessliche. Die Null-Zins-Politik, die Sparer um ihre Ersparnisse bringt, ist also ein Mittel, das schon die alten Römer eingesetzt haben. Ihre Republik konnten sie damit nicht retten.

„Kaiser Domitian (81 n. Chr. - 96 n. Chr., aus der Republik war längst eine Diktatur geworden) verstaatlichte die Landwirtschaft und befahl die Zerstörung der Hälfte der Weingärten, um die Preise für Wein in die Höhe zu treiben. Ein Großteil der Provinzen verlor seine Unabhängigkeit, weil sie im Zuge der Schuldenkrise von Rom abhängig geworden waren. Um das Volk bei Laune zu halten, wurden die Gladiatoren-Spiele verstärkt; eine geheime Polizei machte Jagd auf Steuerflüchtlinge. Schließlich wurde das Recht auf staatliche Hilfe zu einem vererblichen Recht erklärt: Der Wohlstand auf Pump sollte nahtlos innerhalb der Familien weitergegeben werden.

Kaiser Aurelian (270 - 275) nahm den Bürgern die Arbeit ab und baute die Staatswirtschaft aus. Statt des freien Getreides gab es nun Gratisbrot, hergestellt in staatlichen Bäckereien. Dazu wurden kostenlos Salz, Schweinefleisch und Olivenöl abgegeben. Eine Inflation entwertete das Geld. Am Ende hat Rom wirtschaftlichen und moralischen Selbstmord begangen". (DWN, 02.06.2014) Dass Ost-Rom (Byzanz) seinen sterbenden Vorgänger West-Rom um tausend Jahre überlebte, hatte laut Roland Baader seinen Grund darin, dass Ost-Rom die einzige Gesellschaft war, die jahrhundertelang eine Goldwährung hatte.

In dem Buch *Generation Doof* von den beiden jungen Autoren Stefan Bonner und Anne Weiss liest man: „Unter der Fuchtel solcher politischen Windeier (gemeint ist Nero) beendeten die Römer ihre kulturellen Höhenflüge und ließen sich dumm, dekadent und zufrieden von anderen Kulturen den Rang ablaufen. ... Spätestens seit der Fernsehserie „Rom" wissen passionierte Fernsehgucker wie wir, dass das Römische Reich im Grund eine riesige antike Spaßgesellschaft war. Toll trieben es die alten Römer, tanzten volltrunken und wild kopulierend durch den Tag. Und wenn doch einmal Langeweile drohte, verprügelten sie eben irgendein Barbarenvolk oder gingen zum Gladiatorenabschlachten in die Arena – eine Art Vorläufer von „Einer wird gewinnen".

Millionen Menschen lebten für damalige Verhältnisse jahrhundertelang in Frieden und Ordnung. Dumm, dass gerade dieser Wohlstand den Römern zum Verhängnis wurde und ihnen buchstäblich zu Kopf stieg, um den mühsam angeschafften Verstand gleich wieder zu neutralisieren. ... Für die „Generation Doof" ist Spaß ein Ziel erster Güte. Junge Menschen kippen sich am helllichten Tag ungezügelt Alkohol in den Schlund. Und so erklärt sich auch der geläufigste Name für den hochprozentigen Freizeitsport der „Generation Doof": Komasaufen. Das Trendwort für unsere Freunde aus dem Internetzeitalter ist: Flatratesaufen. ... Die Junkfood-Konditionierung beginnt schon früh. Im Schulunterricht gehören Cola-Dose, Schokoriegel und Chipstüte zur Standardausrüstung. Mutter hatte nicht selten die Klinikpackung Milchschnitte im Einkaufswagen, und die Mikrowelle hat unser Leben vielleicht mehr beeinflusst als die Erfindung des Rades.

Noch heute greifen wir nach getaner Arbeit gerne ins Tiefkühlfach oder halten lieber gleich beim Energielieferanten Nr. 1 mit dem „gelben M" an. ... Hier isst man ohne Besteck und Servietten dienen allenfalls zum Naseputzen. ... Mit unserer Generation stimmt etwas nicht. Ein Teil von uns verabschiedet sich still und langsam von der Außenwelt ins Private, während andere als ewig Junggebliebene von Party zu Party tollen. Alkohol ist in großen wie in übergroßen Mengen der Freund von vielen. Benehmen und Etikette leiden dagegen unter Schwindsucht. Wir kleiden uns, wie es uns gefällt. Engagement oder gar eine eigene Meinung sind nicht unser Ding. ... Uns droht ein ähnliches Schicksal. ... Einer der Hauptgründe, warum unsere Generation als doof wahrgenommen wird, liegt in unserer mangelhaften Bildung. Denn wir sind zum echten Rebellentum schlecht ausgerüstet, obwohl wir etwas vom Nörgeln verstehen. ... Intelligenz und Bildung der Deutschen sind auf Talfahrt, und das bereits seit Jahren. ... Man kann sich natürlich mit dem auf Sokrates beruhenden Gedanken trösten, dass einer, der weiß, dass er nichts weiß, mehr weiß als einer, der nicht weiß, dass er nichts weiß ... Unsere feiste Selbstgerechtigkeit und die damit verbundene geistige Dürre sind Indizien dafür. Dass Bildung zur Einbahnstraße geworden ist – und dass wie in die falsche Richtung fahren."

Eine Gesamtschullehrerin stöhnt in einem Internetforum: „Die wollen doch gar nichts lernen." Schule wird von der Schülerschaft als Freiheitsberaubung angesehen. Für Arbeitgeber ist aus Zensuren nicht mehr ersichtlich, was ein Bewerber wirklich geleistet hat. Schul- und Studienabschlüsse werden faktisch entwertet. Für die heutige junge Generation gilt offenbar ein Bonmot von Dieter Hildebrandt: „Bildung kommt vom Bildschirm und nicht vom Buch, sonst hieße es ja Buchung."

Der historische Vergleich des spätrömischen Reiches zu unserer heutigen dekadenten Wohlfahrtsgesellschaft ist in der Tat frappierend. Auch heute kann man bei vielen Leuten in allen Gesellschaftsschichten Realitätsverlust, Anspruchsdenken, krassen Materialismus sowie Moral- und Sittenverfall beobachten. In der Streitschrift *Warum wir hemmungslos verblöden* von Michael Jürgs heißt es: „Den Medienanstalten gelingt es spielend, mit talentlosen Trotteln und tapsenden Vollidioten, mit kultigen Knallchargen und furchtlosen Zotenlümmeln, Sumpfblütlern und Paradiesvögeln traumhafte Einschaltquoten zu erzielen. .... Mitschuldig am Zustand einer Gesellschaft diesseits aller Tabus sind gleichgültige Eltern und frustrierte Lehrer sowie moralfreie Manager und geschwätzige Politiker – aber auch wir Journalisten, die sich übers dumme Volk und seine Helden lustig machen und dadurch ungewollt viele unbedarfte Deppen zu Stars hochgeschrieben haben. RTL (Bertelsmann), Pro Sieben, Viva, VOX, Sat.1 usw. sind die Relaisstationen der niederen Instinkte."

So nehmen die Verrohung von Sprache und Sitte, das prollige Benehmen von Jugendlichen und Erwachsenen immer weiter ihren Lauf. Es erscheint laut Michael Jürgs praktisch aussichtslos, sich überhaupt noch um diejenigen zu bemühen, die mit TV-Fastfood aufgewachsen sind, nie gesunde Nahrung, geschweige denn geistige Nahrung bekommen haben, in deren Zuhause keine Bücher gelesen werden, außer denen von Dieter Bohlen, Mario Barth, Bushido & Co. und Gespräche im Wesentlichen aus Boah, Ey, super, geil-Versatzstücken bestehen. Hier stellt sich ein Schaugewerbe zur Schau, das seine Funktion in der Triebabfuhr sowohl für Verklemmte wie für Enthemmte sieht. Fast auf dem gleichen Niveau agiert die „Knallpresse", wie sie FAS-Autor Peter Lückemeier treffend bezeichnet. Hier gilt das Motto: Gedrucktes von Blödmachern für Blöde. „In Deutschland gibt es derzeit die besten Voraussetzungen für das Gedeihen der Schädelpest. Wir leben in einer absurden Welt", liest man bei Anne Weiss und Stefan Bonner. Weiter heißt es: „Verantwortung und Eigeninitiative sind für unsere Generation schlimmer als ein Betriebsausflug mit dem Finanzamt. Wir sind zwar mit vielem unzufrieden, aber letztendlich sind wir froh, wenn sich ein anderer um die Probleme unseres Landes kümmert. Denn nur dann können wir die Nachmittage vor der Playstation genießen." Der täglich im Fernsehen zelebrierte Betroffenheitskult ist nur noch lächerlich und ärgerlich. Die deutsche Bundeskanzlerin behauptet, dass der Islam zu Deutschland gehöre.

Gott sei Dank gehört Deutschland nicht zum Islam – gut für Frau Merkel, denn ansonsten wäre sie ja als Frau sofort weg vom Fenster! Albert Einstein: „Zwei Dinge sind unendlich: das Universum und die menschliche Dummheit. Aber beim Universum bin ich noch nicht sicher."

Die aufgeklärte christlich abendländische Tradition, kulturelle Unterschiede und Vielfalt im friedlichen Wettbewerb ermöglichten den Aufstieg der westlichen Demokratien zu bisher nicht gekanntem Massenwohlstand und daraus folgender persönlicher Freiheit. Dieses Modell droht nun zu „kippen" – hin zu einer regelrechten politischen Ponoerologie bzw. Pathologie, die man auch als eine Art von „Todestrieb der Geschichte" bezeichnen kann. Die Frage, was das Abendland in die aktuelle stille Katastrophe geführt hat, beantwortet Roland Woldag wie folgt: „Die schweifenden Montagsspaziergänger wehren sich heute gegen die mutwillige Zersetzung all dessen, was dem Menschen Ehre, Halt und Stand verleiht.

Die lenkbaren, weil erpressbaren und gekauten Destruktiven an den Schaltstellen der Macht spielen dabei die Rolle des Zerberus: Es ist dieser Dämon der Grube aus der griechischen Mythologie, der Höllenhund, der den Eingang zur Unterwelt bewacht, damit kein Toter herauskommt und kein Lebender hineinkommt. Der Todestrieb in der Geschichte hat in sozialistischen Parteien und Organisationen seine Heimat. Ihn begleitet der totalitäre Drang, alles Erhabene einzureißen und jeden umzuerziehen, der nicht Folge leistet.

Kommunismus und Falschgeldimperialismus sind Seiten derselben Medaille. Der erste verstaatlicht die Marktwirtschaft, um sie zu zerstören. Der zweite zerstört die Marktwirtschaft, um sie zu verstaatlichen, was nur länger dauert und den Destruktiven somit mehr Zeit für ihre sadistischen Gesellschaftsquälereien lässt.

Der Destruktivismus hat kein Ziel außer Zerstörung, Macht und Selbstbefriedigung. Deshalb ist der Versuch, diese Leute auf die Folgen ihres Tuns hinzuweisen, nicht nur vergeblich, sondern bringt sie nur auf neue entsetzliche Ideen. Dieser Seelendefekt ist das angeborene Charaktermerkmal des Psychopathen. ... Deshalb sind diese Leute die ideale Besetzung für Machtpositionen, in die sie selbst wieder von Psychopathen gehievt werden. Psychopaten erkennen sich untereinander, denn sie sind immer in der Minderheit gegenüber den Normalen und Anständigen. Von denen werden sie gemieden.

Diese instinktiv richtige Diskriminierung durch die seelisch Gesunden lässt die Psychopathen von Kindesbeinen an auf Rache an der Gesellschaft und am eigenen Volk sinnen ... Deshalb gehen sie in die Politik. Das fällt ihnen leicht, denn den Psychopathen fehlen Empathie und Gewissen. Denn genau diese halten den Gesunden von der Heimtücke und der Rücksichtslosigkeit zur Durchsetzung seiner Pläne ab. Als Politiker zu Pathokraten geworden, überraschen sie dann durch ihre nur durchschnittliche Intelligenz. Viele anständige Menschen interpretieren es falsch, wenn sie meinen, die Machtposition dieser Leute würde auf einem besonderen Scharfsinn oder auf Herrschaftswissen beruhen. Dabei ist es nur ihre Skrupellosigkeit und die Fähigkeit, zu lügen, ohne rot zu werden. Denn auch die Reue ist ihnen fremd. Wenn der Anteil der Konstruktiven in den Entscheidungsebenen eines Staates auf das gegenwärtige Niveau gesunken ist, die Psychopathen den Ton angeben und die Vernunft nicht mehr durchzudringen vermag, dann sind wir in einer Pathokratie angekommen. ... In Gang gesetzt wird dieser Prozess immer von mächtigen, die Politik und Massenmedien beherrschenden Psychopathen und berechnenden Verbrechern. ... Das Ziel der Implementierung kulturfremder Gruppen in homogene Völker, durch wirtschaftlich und politisch mächtige Akteure, ist die Zerstörung der Kultur und die Marginalisierung des jeweiligen Volkes im eigenen Land.

Andere europäische Völker sind in gleicher Weise wie das deutsche Volk von dieser Ponerogenese, also der Erhebung des Bösen, befallen. ... Für den Destruktiven ist Aufbauen und Einreißen das gleiche. Nur, das Einreißen ist spektakulärer und führt in kürzerer Zeit zum Erfolg. Alle Jahrhundertreformen der letzten Jahrzehnte haben funktionierende Ordnungen zerstört und durch unterdrückende Macht- und Bürokratiestrukturen ersetzt. Nichts haben sie nachhaltig verbessert: Geldsystem, Bildungssystem und Sozialsystem ... alle wurden kaputtreformiert. Ehe, Familie, Nation, Religion, Heimat, Kultur und nicht zuletzt das Selbstbild als Mann und Frau wurden demontiert."

Psychopathen denken, dass Gewohnheiten und Prinzipien von Anstand dumm, lästig und lächerlich sind. Sie verstehen sich bestens auf die Manipulierung gutgläubiger Menschen. Wobei anzumerken ist, dass Sozio- und Psychopathen in den höchsten Schichten der Gesellschaft überproportional stark vertreten sind, weil dieser Menschentyp in seiner Gier nach Macht und Anerkennung rücksichtslos voran strebt und seine Ziele häufiger erreicht als bio-psychologisch normale Menschen. Unterstützt wird ein Ansteigen des Prozentsatzes von Sozio- und Psychopathen, die Schlüsselstellungen in Wirtschaft und Gesellschaft einnehmen, durch ein Phänomen, das Historiker als „hysteroiden Kreislauf" bezeichnen. Demnach unterliegen friedvolle Zeiten einer fortschreitenden Hysterie; bis zum letzten Stadium, das schließlich den Zusammenbruch herbeiführt. Das war seit Jahrtausenden so. Wenn nach ein paar Generationen guter Zeiten die Sorglosigkeit, vor allem in hedonistischen Gesellschaften, in einem gesellschaftlichen Defizit der sozialen Fähigkeiten und der moralischen Kritik mündet, eine Einengung der Weltsicht und ein unnatürlicher Anstieg des Egotismus stattfindet, gewinnen die Sozio- und Psychopathen immer mehr an Boden. Der Weg für pathologische Anstifter, Bauernfänger und besonders für politische Betrüger ist geebnet. Das Schicksal menschlicher Gesellschaften hängt in diesem Zusammenhang von der richtigen sozio-psychologischen Ausrichtung der Menschen innerhalb der Gesellschaft ab. Entscheidend ist, dass man diesen gewaltigen, ansteckenden sozialen Krebs, der die Soziopathie nun einmal ist, frühzeitig identifiziert, um ihn dann rechtzeitig bekämpfen zu können.

Für die westlichen Zivilisationen, die aus der Vermischung aus dem Urchristentum und altrömischer Organisationsformen entstanden sind, ist die altrömisch-rechtliche Denkart einschließlich ihrer Indifferenz gegenüber der menschlichen Natur in all ihrer Verschiedenheit charakteristisch. Genau darin lauert allerdings die Gefahr, dass man bestimmte Anomalien, die in manchen Menschen (Sozio- und Psychopaten) einfach vorhanden sind, unbeachtet lässt, obwohl diese Anomalien immer wieder die Ursache von historischen Katastrophen waren und sind. Soweit der „psychoanalytische Krankheitsbefund" unserer Gesellschaft, der an die Erkenntnisse des französische Arztes und Psychologen Gustave Le Bon: „Psychologie der Massen" (Erstausgabe: Paris 1895) anknüpft.

Es ist längst höchste Zeit für die Notbremse: Es geht um die Verteidigung der bürgerlichen Gesellschaft, es geht um die Verteidigung bürgerlicher Tugenden gegenüber massenmedialer Verdummung, dumpfer Gleichmacherei, verantwortungsloser Schuldenmacherei und zunehmender staatlicher Überwachung. Es geht um die breite Masse der zivilisatorischen Geisterfahrer, die mit ihrer Gleichgültigkeit und politischen Selbstentmündigung die Zukunft von uns allen verspielt.

Die Arroganz der politisch-staatlichen Macht – verfettet und verbeamtet auf Lebenszeit – ist ebenso unerträglich wie systemimmanent. Und eine Bevölkerung, die sich selbst entmündigt, gar nicht mehr eigenständig denken will bzw. kann und sich quasi wie unter Drogen der verdummenden Medienberieselung von morgens bis abends hingibt, lassen den kritischen Beobachter verzweifeln. Wenn eine Gesellschaft Niveau für eine Hautcreme hält und Shakespeare mit einem Hersteller von Angelruten statt mit jenem Besonderen assoziiert, bedarf es sprachgewaltiger Guerillataktik. Michael Jürgs: „Gegen die Besatzungsmacht der Kopflosen ist eine verbale Intifada nötig. Ein Rückzug wäre Feigheit vor dem Feind."

Roland Baader hat dies auf seinem Gebiet mutig geradezu vorbildhaft gemacht und gelebt.

Der moderne Sozialstaat gleicht einem Irrenhaus vollgeladen mit den Irrtümern der desorientierten Wohlfahrtsgesellschaft. Um zu verhindern, dass wir im Irrenhaus alle verrückt werden, müssten folgende Konstruktionsfehler des westlichen Demokratiemodells beseitigt werden:

1. Der Euro muss durch eine Parallelwährung nach dem altbewährten Muster des ECU als europäische Verrechnungseinheit ergänzt werden.

2. Das fatale staatliche Zwangsgeld muss durch privates Marktgeld ergänzt werden – im Sinne von Währungswettbewerb (Hayek).

3. Die staatliche Parteienfinanzierung muss ersatzlos wegfallen.

4. Das Prinzip der kandidatengebundenen Listenwahl muss durch eine listenfreie Persönlichkeitswahl ersetzt werden,

5. Auf kommunaler Ebene muss das Prinzip der Direkt-Demokratie verstärkt werden. Die meisten Dummheiten und Investitionsruinen blieben den Bürgern (sprich: Steuerzahlern) erspart, wenn sie selber über diese Projekte und die damit für sie konkret verbundenen Kostenbelastungen abstimmen könnten – so wie es sinnvollerweise z. B. in der Schweiz praktiziert wird. Alle umlagefinanzierten Sozialsysteme müssen schrittweise auf das Kapitaldeckungsverfahren umgestellt werden.

Schließlich muss die geistige und kulturelle Geisterfahrt im Rahmen der staatlichen Bildungspolitik beendet werden, bevor aus der systematischen Verdummung alltägliche Verrohung wird. Denn dann setzt sich endgültig ein dumpfer Sumpf an Prekariat fest, der einzig der politischen und der medialen Klasse nützlich ist, weil man dieses Prekariat leicht mit „Brot und Spielen" beherrschen kann.

Diese fatale gesellschaftliche Entwicklung ist letztlich eben auch eine Folge des zwar wohlmeinenden, aber (bewusst) überzogenen Wohlfahrtsstaates, der den einzelnen Bürger letztlich dazu führt, jegliche Eigenverantwortung abzugeben, sich selbst nicht mehr anzustrengen, sondern lieber von staatlichen Zuwendungen zu leben. Friedensnobelpreisträger Muhammad Yunus aus Bangladesch vergleicht Sozialleistungen mit Drogen. Der Empfänger würde vom Staat in Abhängigkeit gehalten. Dabei sei es doch nötig, sie dazu zu ermuntern, ihr Leben selbst in die Hand zu nehmen und aus dem Kreislauf der Unmündigkeit auszubrechen. Das klingt aus dem Mundes eines sozialen Unternehmers, der wegen seiner Mikrokredite ausgezeichnet wurde, nicht wie eine hohle Phrase; Hilfe zur Selbsthilfe also, auf Zeit und nur für den, der sie wirklich braucht. (Reinhard Müller)

Quellen:

Roland Baader: Geldsozialismus, Gräfeling 2010

Roland Baader: Kreide für den Wolf, Böblingen 1991

Patrick Bahners: der kleine Diktator, in: FAZ vom 27.12.2014, S. 9

Arnulf Baring: Scheitert Deutschland?, Stuttgart 1997

Stefan Bonner und Anne Weiss: Generation Doof, Köln 2008

Christoph Braunschweig: Die demokratische Krankheit, München 2012

Christoph Braunschweig: Wohlfahrtsstaat – leb wohl!, Münster/Berlin 2013

Christoph Braunschweig und Susanne Kablitz: Kluge Geldanlage in der Schuldenkrise -Austrian Investing-, BoD, Norderstedt 2014

Susanne Kablitz: Bis zum letzten Atemzug, Tönisvorst 2015

DWN (DeutscheWirtschaftsNachrichten): Brot, Spiele und Lügen: Die EU taumelt in Richtung Untergang, vom 02.06.2012

Dietrich Eckardt: Eine missratene Beziehung, Kreuzlingen 2007

Wolfram Engels: Schlußfolgerungen, Düsseldorf 1987

Gerd Habermann: Der Wohlfahrtsstaat – Ende einer Illusion, München 2013

Gregor Hochreiter: Geld, Gesellschaft Zukunft, Roland Baader: Porträt eines unbequemen Freiheitsdenkers, Gräfeling 2013

Gertrud Höhler: Die Patin, 4. Auflg., Zürich 2012

Michael Jürgs: Seichtgebiete – Warum wir hemmungslos verblöden, München 2010

Günther Lachmann: Verfallssymptome – Wenn eine Gesellschaft ihren inneren Kompass verliert, München 2014

Michael Maier: Die Plünderung der Welt, München 2014

Ludwig von Mises: Theorie des Geldes und der Umlaufmittel, Berlin 2005

Reinhard Müller: Unter Drogen, in: FAZ vom 13.08.2014, S. 1

Thorsten Polleit: Der Fluch des Papiergeldes, München 2011

Lawrence Reed: Rome and the Great Depression, unter: Foundation for Economic Education, 24.02.2009

Wilhelm Röpke: Civitas Humana, Bern/Stuttgart 1979

Murray Newton Rothbard: Das Schein-Geld-System, 2. Auflg., Gräfeling 2005

Tögel, Andreas: Inflation - das Elend des staatlichen Schwundgeldes, in ef-online vom 02.06.2014

Wolfram Weimer: Kommentar in: Wirtschafts-Kurier, März/April 2013

OFFENER BRIEF AN THOMAS PIKETTY

Sehr geehrter Herr Kollege Piketty,

in den Medien werden Sie als „neuer Karl Marx“ bezeichnet, zumal Ihr Bestseller „Capital in the Twenty-First Century“ in fesselnder Diktion, interessanten historischen Reflexionen und einer viele Menschen ansprechenden Botschaft verfasst ist. Sie betonen das Risiko einer Explosion der Vermögensungleichheit, weil die Kapitalakkumulation schneller ist als es die Zuwächse der Arbeitseinkommen sind. Die zentrale These Ihres Buches lautet also, dass die Kapitalrendite stets höher ist als das Wachstum der Wirtschaft und der Arbeitseinkommen. Dadurch würden reiche Kapitalbesitzer immer reicher und die Vermögen immer stärker in wenigen Händen konzentriert – letztlich sei dadurch die Demokratie gefährdet. Als Gegenmittel fordern Sie Steuersätze bis zu 75 Prozent für Spitzenverdiener und eine globale, progressive Vermögenssteuer von bis zu 10 Prozent jährlich für Milliardäre. Alle diejenigen, die die sakrosante Losung der „sozialen Gerechtigkeit“ anbeten, sind emotional sofort auf Ihrer Seite.

Fast alle Wirtschaftswissenschaftler verwerfen jedoch Ihre Theorie, die Datengrundlage und die verfehlte sozialistische Politikempfehlung. Dies gilt sogar für 100-prozentige Keynesianer, wie z. B. Peter Bofinger. Er weist darauf hin, dass Ihre Grundthese nicht durch die empirischen Daten gestützt wird und Sie ihre Leser im Unklaren lassen, welche Beziehungen zwischen der Kapitalrendite und der Sparquote sowie dem Verhältnis der Sparquote zur Wachstumsrate des Volkseinkommens bestehen. Viel besser wäre es gewesen, wenn Sie, sehr geehrter Herr Kollege, das Verhältnis zwischen dem Produktivitätsfortschritt und der Entwicklung der Realeinkommen analysiert hätten. Das Ergebnis ist nämlich, dass sich seit Einführung des Euros die erzielten Produktivitätsfortschritte der Industrie nicht mehr in entsprechend steigenden Realeinkommen widerspiegeln. Diese „Sozialdividende“ für die Arbeitnehmer verdampft in der Sozialstaatsbürokratie und den „Euro-Rettungsmaßnahmen“. Schon einmal drüber nachgedacht? Ich selber möchte mich an dieser Stelle ganz bewusst nicht weiter an der ökonomischen Fachdiskussion beteiligen, sondern Sie stattdessen, sehr geehrter Herr Kollege, dazu animieren, eine Fahrt nach Venedig zu unternehmen.

Wie sagte schon Immanuel Kant (1724 - 1804): „Das Reisen bildet sehr; es entwöhnt von allen Vorurteilen..." Nutzen Sie die Verkaufserlöse Ihres erfolgreichen Buches, indem Sie gleich Ihre ganze Familie mitnehmen und ein exquisites Hotel am Canale Grande in der Nähe vom Markus-Platz buchen. Ihre Liebsten werden sich freuen. Besuchen Sie mit den Ihrigen die vielen Paläste und betrachten Sie den morbiden Charme Venedigs. Nur bitte fahren Sie nicht im Sommer dorthin, wenn es viel zu heiß ist und die Serenissima von den schwitzenden Touristenhorden regelrecht niedergetrampelt wird.

Warum gerade Venedig? Weil die Wiege des modernen Kapitalismus in den norditalienischen Städten stand. Und das war mehr als ein Wirtschaftssystem; es war die Idee der Freiheit, die Geburt des Individuums, die Überzeugung, dass Wahrheit nicht in Dogmen bestehen könne, sondern durch Beobachtung gefunden werden muss. Dieser frühe Kapitalismus Norditaliens ging wieder unter, aber seine Ideen prägen die Welt bis heute. Im 18. Jahrhundert wurde der Faden in Großbritannien („Whig-Partei") wieder aufgenommen.

Die einstige Pracht der norditalienischen Städte – ganz besonders Venedig – ist heute ziemlich heruntergekommen. Die Reichen, die einst einen Palast mit allem Dienstpersonal unterhalten konnten, gibt es nicht mehr. Dem heutigen Besucher drängt sich der Eindruck auf, dass die Städte im Laufe der Jahrhunderte verarmt seien. Doch das ist falsch: Das reale Durchschnittseinkommen der Einwohner Venedigs liegt heute bei einem Mehrfachen dessen, was es in den Glanzzeiten betragen haben kann. Entgegen dem äußeren Anschein ist Venedig heute viel reicher als im 15. Jahrhundert.

Das Bild der Verarmung kommt nur deshalb zustande, weil die Einkommen heute viel gleichmäßiger verteilt sind als damals. Wer heute einen durchschnittlichen venezianischen Palazzo bauen wollte, mit all seinen Gemälden und Skulpturen, wer Kompanien von Bediensteten bezahlen wollte, der müsste jährlich rund zwei Millionen Euro für seinen persönlichen Lebensunterhalt ausgeben. Von diesen Reichen gab in Venedig seinerzeit etwa vierhundert. Sie konnten sich den Aufwand deshalb leisten, weil die Arbeitskraft der Maler, Maurer, Bildhauer, der Haushofmeister und Küchenmädchen extrem billig war. Wenn die Einkommensverteilung gleichmäßiger wird, dann gibt es immer weniger Reiche, die die Arbeitskraft anderer Leute für ihren persönlichen Lebensunterhalt bezahlen können, und zwar auch dann, wenn das Gesamteinkommen steigt.

Der heutige Tourist hat in Venedig die gleichmacherische Kraft des Kapitalismus gleich doppelt vor Augen: Die Besucher, die die verfallenden Paläste bewundern, tragen meist ausgewaschene Jeans. Der Unterschied zwischen armen und reichen Touristen besteht heute darin, dass die Armen ihre Jeans selbst auswaschen müssen, während die Reichen sie schon ausgewaschen kaufen. Die Paläste verfallen, weil die Hütten verschwunden sind. Und die ehemaligen Herrschaftssitze stehen heute dem Publikum gegen Eintrittsgebühr offen. Die Scharen von Dienstboten, die unter dem Befehl eines Butlers für das Wohl der Herrschaft sorgten, gibt es nicht mehr.

Es gibt keinen besseren Maßstab für die Gleichheit oder Ungleichheit in einer Gesellschaft als die Anzahl der Menschen, die zur persönlichen Dienstleistung für andere arbeiten, also die Lakaien, Diener, Butler, Köchinnen, Zofen. Noch zu Beginn des 20. Jahrhunderts waren in Deutschland über zehn Prozent aller Arbeitnehmer Dienstpersonal. Ein Regierungsrat hatte zu dieser Zeit drei bis vier Hausangestellte. Vor dem Zweiten Weltkrieg hatte er nur ein Dienstmädchen. Heute versorgt selbst die Frau Minister ihren Haushalt selber. Man mag in Venedig beim Anblick der so unsäglich hässlich gekleideten Touristen den allgemeinen kulturellen Niedergang bedauern, aber ein Punkt ist unübersehbar: In lateinamerikanischen Städten hat man oft einen malerischen Blick auf die *Favelas*, die Elendsquartiere der Armen.

Die Armen strömen dennoch in die diese Städte, weil dort ihre Lebensbedingungen immer noch besser sind als dort, von woher sie kommen. Auch die Armen, die seinerzeit nach Florenz, Padua oder Venedig flohen, hatten es dort besser als unter den Feudal-Grundherren, denen sie entflohen.

Sie sehen, sehr geehrter Herr Kollege Piketty, es bedarf gar keiner spitzfindigen Gleichungen und Formeln, um wirtschaftliche und gesellschaftspolitische Phänomene zu begreifen. In der Regel reicht gesunder Menschenverstand und die vorurteilsfreie Betrachtung der Realität völlig aus, um ökonomische Gesetzmäßigkeiten und soziale Folgen zu verstehen.

Die anzahlmäßig kleine „Österreichische Schule der Nationalökonomie“ praktiziert dies seit jeher. Vermutlich liegt sie deshalb mit ihren Analysen und Voraussagen in der Regel richtig – ganz im Gegensatz zur keynesianisch vergifteten „Mainstream-Ökonomie“, deren behauptete Wirkungszusammenhänge aggregierter Gesamtgrößen oft genug nur hochgestochener Unsinn sind. Der Kapitalismus erlaubt auf Dauer Massenwohlstand, der Sozialismus bloß Mangel. Selbst der angeblich so rücksichtslose und brutale Manchester-Liberalismus hat dort, wo er praktiziert wird – in Taiwan, Hongkong, Singapur –, zu einer deutlichen Verminderung der Ungleichheit geführt. Umgekehrt gibt es dort, wo die kapitalistischen Marktkräfte in vielfacher Weise und oft mit sozialen Absichten behindert werden, kaum Fortschritte – so in Lateinamerika und Schwarzafrika.

Das, was in Europa Geschichte ist, lässt sich in den Entwicklungsländern noch heute beobachten: Von den Luxusvillen blickt man unmittelbar auf Elendsquartiere. Die Wahrheit ist ganz banal: Ohne Kapitalismus und Marktwirtschaft ist kein Massenwohlstand möglich, der wiederum die Voraussetzung für die persönliche Freiheit und Unabhängigkeit des einzelnen Bürgers ist.

Je mehr sich allerdings die Lebensumstände der Menschen im Kapitalismus durch allgemeines Wirtschaftswachstum angleichen, desto empfindsamer regieren sie auf die verbleibenden Unterschiede. Man nennt diesen Effekt das „Wohlstandsparadoxon“ (Wolf Schneider). Der Sozialneid ist eine menschliche Ur-Macht, er war es zu allen Zeiten in allen Kulturen. Dies ist der Kern aller sozialpolitischen Kontroversen. Hier werden letztlich atavistische Gefühle des Menschen berührt. Und jede pseudowissenschaftliche Begründung für sozialpolitisches Gutmenschentum wird von der Politik und den machtloyalen Medien begierig aufgenommen. Dies ist der Grund für den Erfolg solcher Veröffentlichungen wie der Ihrigen. „Wenn der Teufel die Menschen verwirren will, bedient er sich der Idealisten“, heißt es bei Machiavelli.

Die Demokratie ist nicht gefährdet durch Kapitalakkumulation der Reichen, wie schon Karl Marx irrtümlicherweise annahm, sondern vielmehr durch die fortgesetzten Verstöße gegen alle elementaren Grundsätze marktwirtschaftlicher Ordnungspolitik. Ständige staatliche Interventionen im Rahmen von Gleichmacherei und Umverteilung führen zwangsläufig zur schamlosen Staatsverschuldung; dies auf der Grundlage des fatalen staatlichen Geldmonopols. Das damit einhergehende Geldmengenwachstum führt letztlich nur zur Inflation. Durch diese verantwortungslose und zynische Politik werden die sozial Schwächeren gleich in mehrfacher Art und Weise besonders hart getroffen, während sich die Reichen besser gegen Inflation wehren können. ... Es ist also die verfehlte staatliche Wirtschafts- und Sozialpolitik, die die Schere zwischen Arm und Reich – nicht nur in diesem Fall – künstlich vergrößert.

Zum Schluss, lieber Herr Kollege Piketty, lassen Sie mich noch einige Sätze über den verbreiteten Antikapitalismus in unserer Gesellschaft sagen, den Sie ja auch auf Ihre Art bedienen: Der Mensch hat im Verlauf seiner sozio-kulturellen Evolution zum Kapitalismus gefunden, aber er kann bis heute nicht damit umgehen. Der Wohlstand der Nationen und der Siegeszug des Marktes haben eindeutig miteinander zu tun. Kapitalismus und Marktwirtschaft haben einen Wohlstand hervorgebracht, wie sich das vormoderne Utopisten nicht vorstellen konnten – auf der Grundlage einer Verfolgung der Eigeninteressen des Einzelnen unter einer klug geschnittenen Rahmenordnung (Ordnungspolitik) mit Leistungswettbewerb. Das Streben nach individueller Besserstellung wird damit zum Motor der Solidaritätsmoral des Abendlandes. Marktwirtschaft mit Wettbewerb löst die alte Mildtätigkeit ab, sie wird zur effizientesten Form der Caritas, die die Weltgeschichte bisher gesehen hat. Unternehmenserfolg steht also nicht gegen Ethik, sondern ist selbst Ethik. Es braucht also keine Wunder, es braucht keine Fürsten, keine Revolutionsführer und keine Partei. Es braucht nur Menschen, die vorankommen wollen und denen man die Möglichkeit gibt, die Früchte ihres Fleißes zu ernten. Das nun geht gegen jedes Geschäftsmodell von Mächtigen ... und die Eliten haben das dem Kapitalismus nie verziehen, schreibt Wolf Lotter.

Und auch die simple Vorstellung, dass alles immer knapper werde, ist nur Propaganda. Die Moral rechnet falsch. Klassisch gebildete Ökonomen verfolgen Wachstumsziele, ökonomische Laien – also praktisch alle Politiker, Medien-Schaffende, Intellektuelle und sonstige Kulturschaffende – sind sich nicht einmal der Möglichkeit von Wachstum bewusst. Diese Leute halten den Gewinn des einen notwendigerweise für den Verlust des anderen, was wiederum ihr Gerechtigkeitsgefühl tangiert. Wachstum, das zwangsläufig permanent durch Denken, Wissen und Verbesserung von Methoden entsteht, durch die Optimierung des Kapital- und Arbeitseinsatzes wie durch technischen Fortschritt, gibt es in ihrem beschränkten geistigen Horizont nicht, obwohl sie tagtäglich z.B. im Rahmen des medizinischen Fortschritts ganz selbstverständlich davon profitieren.

In Wahrheit geht es den Kapitalismuskritikern um Interessen, Ideologien und vor allem Macht. Für diese Leute ist das wirtschaftliche Analphabetentum in der Gesellschaft die wichtigste Grundlage ihrer Macht. Der ökonomische Analphabetismus ist nicht nur in Deutschland flächendeckend und auch sozial gerecht verteilt. Er kennt keine Klassenschranken: Die Bildungseliten wissen nicht mehr als andere, die kein Abitur haben. Der ökonomische Laie hat stets eine Meinung, selten eine Ahnung und ist enorm einflussreich, denn Politik, Werbung, Marketing, Konzerne – sie alle hören auf ihn. Hofiert werden in den Medien und von der Politik natürlich all jene, die die Grenzen des Wachstums und somit das Ende des Kapitalismus beschwören. Fakten stören dabei nur. Gut ist und recht hat, wer der „political correctness" folgt. Alle Kollektivisten hassen Adam Smith für die Beschreibung einer unleugbaren Tatsache: Nicht Moral lässt die Gesellschaft funktionieren und gedeihen, sondern Eigeninteresse. Das Ganze funktioniert, weil – und nicht obwohl – jeder seine eigenen Interessen verfolgt. Doch das stört eben die Kreise der Kollektivisten bzw. Intellektuellen, denn zu ihrer Machtausübung gehört es, die Freiheit immer nur in Aussicht zu stellen.

Für der französischen Soziologen Raymond Aron steht fest, dass die europäischen Intellektuellen ihren Antikapitalismus als Glaubensbekenntnis angenommen haben. Sie hätten keine Lust festzustellen, was man mit dem Kapitalismus anfangen könnte, denn das, so Aron, zwänge sie, die emotionale wie auch die philosophische Basis ihres Glaubens aufzugeben. Doch so weit lassen es die hauptamtlichen Demagogen nicht kommen, wusste Aron: „Nichts irritiert Intellektuelle mehr als ihre Grundannahmen in Frage zu stellen; niemand sieht es gern, wenn er aufgefordert wird, mit seinem Denken noch mal ganz von vorne anzufangen. Ihre Grundannahme lautet, dass der Kapitalismus schlecht ist; nimmt man ihnen das weg, dann wissen sie nicht mehr weiter. Deshalb weigern sie sich vorsorglich, diese Frage überhaupt zu diskutieren. Um es ganz knapp zusammenzufassen: Wer den Kapitalismus durch Moral ersetzen will, der hasst entweder die Menschheit abgrundtief, oder er ist nur ein Unwissender mit besten Vorsätzen. Beides ist für die Menschen gleich gefährlich.

Mit vorzüglicher Hochachtung Ihr Christoph Braunschweig

Quellen:

Philipp Bagus u. Andreas Marquart: Warum andere auf Ihre Kosten immer reicher werden, München 2014

Philipp Bagus: Es liegt an der expansiven Papiergeldpolitik, in: FAZ: Harsche Kritik an den Thesen des „neuen Marx", 15.05.2014, S. 18

Peter Bofinger: Die Formel hakt an den empirischen Daten, in: FAZ, ebenda

Wolfram Engels: Schlußfolgerungen, Düsseldorf 1987, S. 217 - 220

FAZ: Harsche Kritik an den Thesen des „neuen Marx", 15.05.2014, S. 18

Lars Feld: Hauptsache, mehr Staat – das fatale französische Konzept, in: FAZ ebenda

Stefan Homburg: Ein spekulatives Buch für eine falsche Politik, in: FAZ ebenda

Wolf Lotter: Das Gute und die Bösen, in: brand eins, Heft 09/2011, S. 42 ff.

Wolf Schneider: Glück, Hamburg 2007, S. 72

Hans-Werner Sinn: Die gleichen Fehler wie Karl Marx, in: FAZ, ebenda

Andreas Tögel: Buchrezension: Warum andere auf Ihre Kosten immer reicher werden, in: ef-Online, 20.05.2014

Etienne Wasmer: Die Häuserpreise verzerren die Vermögensstatistik, in: FAZ ebenda

Ein Buch über den Kapitalismus?

Thomas Piketty hat vor nicht allzu langer Zeit ein Buch über den Kapitalismus geschrieben. Also den Kapitalismus, den er dafür hält. Den Kapitalismus, der in dieser falsch dargestellten Form von weiten Teilen der Bevölkerung zutiefst verachtet wird, obwohl alle – ausnahmslose alle – selbst nur von diesem übrig gebliebenen Gerippe profitieren. Einkommenssteuer von nahezu 80 Prozent und Vermögenssteuern für „die Reichen" - alle Neidkomplexe werden hier furios bedient. Pikettys Antrieb basiert auf Kameraden wie John Maynard Keynes mit seiner *General Theory* oder Karl Marx mit dessen Kapitalismusfrustrationsbuch *Das Kapital*, obwohl beide vom Kapitalismus bestens lebten. Der eine als Sohn sehr wohlhabender Eltern und der andere, der zeitlebens nicht nur auf Kosten aller möglichen Kapitalisten lebte, sondern auftragsgemäß als Gallionsfigur in den Kapitalismuskrieg zog, um den gutgläubigen Werteschöpfern das Geld aus der Tasche zu ziehen.

Um als Starökonom zu gelten, ist es hilfreich, wenn man dem „Ich hasse alle Reichen"-Trend folgt und genau die von jeglicher Haftung freistellt, die verantwortlich sind. Piketty ist ein Diener des Systems, gilt er als der Mann, der „die fatale Schwäche des Kapitalismus aufgedeckt hat" – Karl Marx reloaded, sozusagen. Die Verfechter der „sozialen Gerechtigkeit" sind aufs Höchste verzückt. Und nicht nur Soziale-Gerechtigkeits-Jünger sind fasziniert, den größten Gefallen tut er denjenigen, die von hohen Steuern, gleich welcher Art, enorm profitieren.

Piketty behauptet, dass im Kapitalismus die Reichen immer reicher werden und die Ungleichheit in dramatischer Weise wächst. Vor allem die Grafik hat es in sich, in der abzulesen ist, dass der Anteil des Einkommens der amerikanischen Bevölkerung, der auf die reichsten 10 Prozent entfällt, bei 40 Prozent im Jahr 1910 beginnt und dann bis vor dem Börsencrash von 1929 auf 50 Prozent steigt, danach deutlich fällt und im Jahr 1995 wieder auf 40 Prozent ansteigt. Wie in der guten alten Zeit wächst der Anteil bis 2008 wieder auf 50 Prozent an, um schließlich wieder leicht zu fallen.

Was aus dieser Grafik hervorgeht, ist die Tatsache, dass kurz vor Finanzkrisen in Phasen wirtschaftlicher Blasenbildung die Einkommensungleichheit dramatisch ausfällt. Aber warum ist das so? Und was hat der Kapitalismus damit zu tun? Nichts – liebe Kapitalismuspeiniger – gar nichts. Das, was hier seine Niederschläge findet, sind die Boom- and-Bust-Phasen, die durch Zentralbanken mit Hilfe der Schaffung unglaublicher Mengen nicht gedeckter Papierzettel ausgelöst werden. Das jedoch ist Staatskapitalismus, bei dem nur diejenigen profitieren, die beste Verbindung zu Regierungen und der Finanzwirtschaft haben.

Der Kapitalismus jedoch ist eine privatrechtliche Wirtschaftsordnung mit Eigentum an Körper, Leben und Eigentum und absoluter Vertragsfreiheit und hat – nullkommanix – mit dem staatsverseuchten und politikverstümmelten Interventionismus zu tun. Raubtiersozialismus (Pirincci) und Turbo-Etatismus (Baader), das sind die sakrosankten Beglückungen der modernen Welt. Und dabei redet man den Menschen ein, dass es Kapitalismus sei, der reiche Menschen immer reicher und Arme immer ärmer werden lässt. Die neue Aristokratie setzt sich aus gierigen Politkern und Finanzkonzernprofiteuren zusammen, die unisono den Menschen diesen Bären aufbindet, die diese mit vollkommener Demut durch die Welt tragen. Soziale-Gerechtigkeits-Fanatiker vom Schlage eines Martin Schulz sahnen ab, dass es nur so kracht. Noch mehr Steuern für die Prominenz, die in ungehöriger Weise verprasst werden können, keine Aufklärungsnotwendigkeit über unser Falschgeldsystem, das der wahre Grund für die Exzesse der Mega-Reichen ist.

Piketty bedient die Klischees, die immer dann besonders gut ankommen, wenn die jahrelangen Gelddruckorgien an ihr zwangsläufiges Ende geraten. Würde er den Kapitalismus verstehen, käme ein Buch über die wahren Verursacher der enormen Einkommensunterschiede dabei heraus. Aber dann stünde Piketty nicht mehr auf der Favoritenliste von Obama & Co.

Quellen:

Roland Baader – Das Kapital am Pranger, Gräfeling 2005

Susanne Kablitz: Bis zum letzten Atemzug, Tönisvorst 2015

Susanne Kablitz: diverse Einträge im Blog Jenseits der Illusionsbedürftigkeit

Charles B. Blankart: Thomas Piketty: Großer Ökonom oder Pfau? vom 19.02.2015

In memoriam Roland Baader

Roland Baader, Sozialphilosoph und Ökonom (Diplom-Volkswirt), wurde am 14. Februar 1940 im nordbadischen Kirrlach (heute Stadtteil von Waghäusel bei Speyer) als Sohn des Schneidermeisters Josef Baader und seiner Frau Anna, geborene Haag, als ältester von drei Brüdern geboren. Seine Kindheit war geprägt von materiell ärmlichen Verhältnissen. Das Abitur legte er 1960 in Mannheim ab und machte dann ein Praktikum bei der Badischen Kommunalen Landesbank in Mannheim.

Im Wintersemester 1961/62 nahm er das Studium der Nationalökonomie in Freiburg i. Br. auf. Zwischendurch absolvierte er zwei Semester in München. 1968 schloss er sein wirtschaftswissenschaftliches in Studium in Freiburg erfolgreich ab. Seine Diplomarbeit (auf dem Gebiet der Wissenschaftstheorie) schrieb er als einziger Diplomand seines Prüfungsjahrgangs bei Friedrich A. von Hayek, dessen Vorlesungen und Seminare er sieben Semester lang besucht hatte.

Im selben Jahr nahm er seine Tätigkeit als Exportmanager im elterlichen Textilunternehmen (Joba) auf. Danach übernahm er auch den Bereich der Kosten- und Leistungsrechnung. Zwei Jahre später wechselte er in die Unternehmensleitung. Gemeinsam mit einem Vater und seinen Brüdern baute er das Unternehmen zu einem gemischten Produktions- und Handelsbetrieb mit über 2000 Mitarbeitern aus. Nach dem Tod seines Vaters (1979) wurde er geschäftsführender Gesellschafter. Im Jahr 1969 heiratete er die studierte Philologin und Künstlerin (Malerin) Uta, geborene Hufschmid. Das Ehepaar bekam drei Kinder.

Im Jahr 1986/87 erfolgten die Teilauflösung und der Verkauf der Unternehmen. Ursache war der radikale Marktwandel in der Textilindustrie. Die Produktionslinie, klassische Herrenbekleidung, war am Standort

Deutschland nicht mehr konkurrenzfähig und verschwand fast vollständig vom Markt.

Die sozialverantwortliche Abfindung der Belegschaft und die Rückzahlung sämtlicher Verbindlichkeiten an die Banken führten zum Verlust des Großteils des Privatvermögens.

1989 starb seine Ehefrau Uta.

Ab 1988 nahm der Privatgelehrte seine beeindruckende Tätigkeit als freier Autor auf. Wie mit dem Seziermesser freigelegt, spießte er die fatalen Irrtümer der modernen Wohlfahrtsgesellschaft auf und kommentierte sie ebenso sprachgewaltig wie pointiert. In seinen Schriften hat sich der Nationalökonom und Sozialphilosoph mit dem so genannten Sozialstaat und seinen vielfältigen Abgründen und Perversionen auseinandergesetzt. Roland Baader war ein meisterhafter Analyst der Pathologie des permissiven, nihilistischen, entchristianisierten Zeitgeistes sowie des sozial-sozialistischen Wohlfahrtstaates mit seiner dünkelhaften politischen Klasse und ihrem staatsmonopolistischen Zwangsgeld.

Pfefferspray gegen bequeme Zeitgeister, so kann man seine Veröffentlichungen treffend bezeichnen. Er verzichtete bewusst auf jegliche akademischen Worthülsen, so dass seine Texte klar und verständlich formuliert sind. Er besaß die seltene Fähigkeit, auch komplexe Zusammenhänge der Ökonomie und Geldwirtschaft prägnant und leicht verständlich zu vermitteln und sie auf ihren oft trivialen Kern zu komprimieren. Gerd Habermann weist darauf hin, dass es ein seltener Glücksfall ist, wenn unternehmerische Begabung mit theoretischer Bildung und schriftstellerischem Vermögen zusammentreffen. Roland Baaders populärwissenschaftlichen Publikationen erreichten deshalb ein breites Publikum und verhalfen vielen Lesern zu einem besseren Verständnis politisch-wirtschaftlicher Zusammenhänge und Hintergründe. Seine prononcierte Diktion schaffte ihm einen großen Kreis besonders treuer Leser und Anhänger, die er über den schleichenden Weg des Wohlfahrts- und Umverteilungsstaates in den Sozialismus-Totalitarismus aufklärte.

Wie ein echter klassischer Liberaler aus bestem Schrot und Korn schrieb er unerschrocken und äußerst scharfsinnig gegen den Kollektivismus jeglicher Couleur an.

André Lichtschlag, Gründer und Herausgeber des *ef-magazins*, bezeichnete ihn als den wichtigsten Freiheitautor Deutschlands. Im Laufe seiner Schaffenszeit entwickelte sich Roland Baader vom klassisch Liberalen zum wertkonservativen Radikalliberalen; er schlug die Brücke zwischen den klassisch Liberalen und den Libertären.

Roland Baader bewunderte die Schweiz. Er empfand sie als eine Insel der Freiheit, die sich trotzig supranationalen sowie imperialen Größenwahnprojekten zu widersetzen suchte. Roland Vaubel: „Europa hat in den vergangenen 25 Jahren eine Zentralisierungsdynamik erlebt, wie es sie in Friedenszeiten noch nie gegeben hat. Dieser Zentralisierungsdruck ist umso erstaunlicher, als die militärische Bedrohung aus dem Osten verschwunden zu sein schien. Europa stemmt sich gegen seinen Bedeutungsverlust in Weltwirtschaft und Weltpolitik. Aber indem es den politischen Wettbewerb im Inneren verdrängt, macht es seine Lage nur noch schlimmer. Denn die Zentralisierung stärkt die Regulierungsmacht der Politiker. Dadurch schwächt Europa seine Wirtschaft von innen. Die Politische Zentralisierung gibt der Politik gibt dem Staat immer mehr Macht über den Bürger. Sie entzieht der Freiheit ihre politisch-ökonomische Grundlage. Europa war in der Vergangenheit so erfolgreich, weil es kein Großreich und kein Einheitsstaat war.

Es ist nun aber dabei, sein historisches Erfolgskonzept zu vergessen. In seinem monumentalen Werk: Study of History gelangt Arnold Toynbee zu dem Schluss, dass dem Untergang der meisten Zivilisationen der Großstaat vorausgeht. Man denke an Ramses, Alexander oder die römischen Imperatoren.“

Dass die wichtigsten Institutionen der EU in einem Land domilizieren, das ständig am Rand des Zusammenbruchs bzw. der Selbstauflösung taumelt, ist irgendwie charakteristisch für die heutige EU. Oder wie Henryk Broder schreibt: „Das Rollenmodell für die EU ist Belgien, ein failed state mitten in Europa, der für seine Pommes frites und seine pädophile Subkultur weltberühmt ist, und in dem außer Pralinés und Dienstleistungen fast nichts mehr produziert wird." Die Euro-„Rettungspolitik" der EU besteht nun schon seit Jahren lediglich darin, den konstruktionsbedingten Geburtsfehler des Euros „mit Geldbomben zuzuschmeißen." (Cora Stephan) In seinen zahlreichen Publikationen hatte Roland Baader immer wieder auf die ökonomische Unmöglichkeit des Euros hingewiesen. Der bisherige Verlauf der Euro-Krise bestätigt seine Analysen hundertprozentig.

Ingo Resch: „Roland Baader ging es immer um das christlich geprägte Menschenbild. Und daraus folgt, dass der Mensch die entsprechenden Konsequenzen, die sich aus Handeln oder Nichthandeln ergeben, auch zu tragen hat. Nimmt man diese Konsequenzen weg, legt sie auf andere Schultern, geht die menschliche Freiheit verloren. Verantwortung tragen kann nur der Freie. Mit diesen Aussagen steht die biblische Botschaft diametral gegen religiöse Vorstellungen, wie sie die sozialistischen Ideologien vertreten, aber letztendlich auch der Islam (das Kismet ist bestimmt von dem in seiner Allmacht unbegrenzten Allah) und schließlich auch die Glaubenslehren, die das Verhalten des Menschen auf Sonderkonstellationen bei der Geburt zurückführen oder auf das Vorleben eines Menschen, als dessen Reinkarnation sich der einzelne begreifen will (Karma)." Roland Baader erkannte, dass das Christentum und der (klassische) Liberalismus aufeinander bezogen und aufeinander angewiesen sind, indem sie entweder miteinander bestehen oder miteinander untergehen. Frank Schäffler: „Es sei eben kein Zufall, dass im Verlauf des 20. Jahrhunderts in allen totalitären und sozialistischen Zwangsstaaten zugleich mit der Freiheit auch die göttliche Botschaft ausgelöscht wurde. Und es sei auch kein Zufall, dass in den halbsozialistischen Wohlfahrtsstaaten Europas die Kirchen leer geworden und persönliches Mitleid und private Karitas dem sozial-kleptokratischen Umverteilungsbefehl des Staates gewichen sei."

Der überzeugte Christ Roland Baader war ein Freund des subtilen Humors; insbesondere die tiefsinnige und geistreiche Gattung des sogenannten Jüdischen Witzes hatte es ihm angetan – er konnte lange und herzhaft lachen. Zudem war er – ganz wie sein akademischer Lehrer Friedrich A. von Hayek – ein Gentleman der alten Schule und für seine überaus hilfsbereite, warmherzige Art bekannt und beliebt. Bescheiden, nachdenklich, aber doch lebensfroh begegnet er seinen Mitmenschen. Er verband die liberale Idee der individuellen Freiheit mit seinem christlichen Glauben. Seine konservative aber fortschrittliche Einstellung war gepaart mit seiner ausgesprochen sozialen Handlungsweise.

Roland Baader war Mitglied des Beirates Die Familienunternehmer – ASU e.V., Mitglied der Mont Pèlerin-Gesellschaft, Mitglied der Friedrich A. von Hayek Gesellschaft und der Property and Freedom Society. Er starb am 8. Januar 2012 – nach langer gesundheitlicher Leidenszeit.

Roland Baader war ein „Schüler" Friedrich A. von Hayeks und wohl einer seiner besten Protagonisten. Vor allem auch Nicht-Wirtschaftswissenschaftler haben den Weg zum Werk Friedrich A. von Hayeks über die schlagkräftigen Publikationen von Roland Baader gefunden. Als leidenschaftlicher Publizist warb der „Freiheitsdenker", wie ihn die Fachpresse bezeichnete, in klassisch-liberaler Tradition für einen Minimalstaat, der den Menschen als Bürger, als Verbraucher und als Unternehmer so viel Freiheit wie möglich lässt, und ihm so wenig wie nötig an Steuern abnimmt. Er betonte stets, dass der gemeinsame Nenner aller Freiheitsfeinde von rechts und links eine unkritische Staatsgläubigkeit ist.

Aus tiefer christlicher Überzeugung trat er für die persönliche Freiheit des Einzelnen ein. Die Marktwirtschaft schien ihm auch bzw. gerade nach dem Untergang des Ostblock-Sozialismus weiterhin stark gefährdet. Hellsichtig warnte er bereits früh hinsichtlich des übermäßigen Geld- und Kreditwachstums in den Wohlfahrtsstaaten des Westens vor einer

Finanzblase und sah die Gefahr einer kommenden Weltfinanzkrise. Scharfsinnig hat er die unlösbaren Probleme infolge hemmungsloser Schulden- und Geldvermehrung analysiert und richtig vorhergesagt.

Seit Ausbruch der Schulden-, Euro- und Finanzkrise wird der Wirtschafskreislauf nur noch mit immer größeren Geldinfusionen künstlich am Leben gehalten. Nach seiner festen Überzeugung ist das Ende des staatlichen Geldmonopols („staatssozialistisches Geld“) langfristig unvermeidlich. Überschuldung, Inflation, Subventionen und Korruption: Die meisten Probleme sind auf das staatliche Geldmonopol zurückzuführen. Historisch belegt ist bisher noch jede staatliche Papiergeld-Währung gescheitert. Selbst der Naivste weiß inzwischen, dass die Staaten die gigantischen Schulden nie wieder zurückzahlen können. Und es wird zum Zahlungsausfall vieler Staaten kommen – bisher waren es immer nur einzelne Fälle. Die westlichen Wohlfahrtsstaaten leiden an den Folgen der Verschuldungsorgien, welche die Politiker im Namen (und zu Lasten), aber ohne direkten Auftrag der Bevölkerung, abfeiern. Aufgrund des staatlichen Geldmonopols können die Politiker ihre unfinanzierbaren Wahlversprechen mittels Verschuldung und anschließender Zwangsenteignung durch Inflation erfüllen. Es werden jene Politiker gewählt, die am meisten versprechen und damit jene, die die Bezahlung ihrer Versprechen, Förderungen, Vergünstigungen und Subventionen auf die nächste Generation verschieben. (Thomas Bachheimer)

„Der Deutsche Wohlfahrtsstaat war von Anfang an ein Illusions-Modell und lebt von der Aufzehrung des Reichtums, den jener Rest-Kapitalismus geschaffen hat, den die politische Klasse gerade noch zugelassen hat, sowie von der Ausbeutung der Zukunft und der künftig lebenden und arbeitenden Menschen.

Wenn dieses sozialsozialistische Wolkenkuckucksheim jetzt dem Bankrott zusteuert, so ist das nicht die Folge des „ungezähmten“ Kapitalismus, sondern der politisch gelähmten und (wie Gulliver im Zwergenland) mit tausend kleinen Stricken gefesselten Marktwirtschaft – also von zu wenig Kapitalismus“, heißt es bei Roland Baader in *Markt oder Befehl*.

Seine Arbeit, ganz den klassisch- bis ordo-liberalen Denkern verpflichtet (von Adam Smith über Edmund Burke und Alexis de Tocqueville bis Ludwig von Mises, Friedrich A. von Hayek, Franz Böhm, Wilhelm Röpke und Ludwig Erhard), richtet sich hauptsächlich auf ein leidenschaftlich verfolgtes Ziel: Er wollte Geist und Inhalt der großen Freiheitslehren auch dem gebildeten Ökonomie-Laien verständlich machen. Gerd Habermann: „Seine Ambition war es, die großen Freiheitsautoren wie Mises, Hayek zu popularisieren, auch und gerade mit drastischen Stilmitteln. Er philosophierte, wie Friedrich Nitzsche, mit dem Hammer."

1991 erschien sein Buch *Kreide für den Wolf – Die tödliche Illusion vom besiegten Sozialismus*. Hierin zeigt Baader auf, wie die zerstörerischen Kräfte des Sozialismus weiterwirken – trotz des Zusammenbruchs der sozialistischen Ostblock-Staaten. In gewandelter Form schwören die sozialistischen Kräfte nunmehr neue und ungeahnte Gefahren herauf. Eine Leserzuschrift an den Verlag charakterisiert dieses in gewisser Weise sehr treffend: „Kreide für den Wolf kann man nicht in Etappen lesen. Man muss es in sich hineinschütten bis man davon besoffen ist. Ein Meisterwerk. Aber auch ein sprachliches Kunstwerk." Hayek-Kenner fühlen sich bei der Lektüre an das legendäre Buch von Friedrich A. von Hayek *Der Weg zur Knechtschaft* erinnert.

In seinem Buch *Die belogene Generation* von 1999 beschreibt Baader den deutschen Umverteilungs- und Wohlfahrtsstaat mit spitzer Feder und konstatiert ein mangelhaft ausgeprägtes Verständnis und Vertrauen der Menschen in die Marktwirtschaft. Der „samtpfotene Sozialismus" der im Ornat des Wohlfahrtsstaates auftritt, ist eine neue Form kollektivistischer Denkart, die in einen „Sozial-Sozialismus" führen wird. Dieser steht für einen uferlosen Fiskal- und Verteilungsstaat.

Der drohende „Sozial-Sozialismus" ist durch drei elementare Überzeugungen gekennzeichnet:

1. Durch den Glauben der Politiker und Parteien, man könne und müsse aus Gründen der sozialen Gerechtigkeit lenkend und umverteilend in die Wirtschaft eingreifen.

2. Durch die Behauptung der Gewerkschaften, man könne und müsse ein immer höheres Lohnniveau und rapide wachsende Sozialleistungen mit Mitteln der organisierten Macht erpressen.

3. Durch den Glauben der Bürger, ein bestimmter nationaler Reichtum erlaube und ermögliche es, für sie selbst und für bestimmte Gruppen einen jeweils größeren Anteil am Gesamtkuchen zu fordern und politisch durchzusetzen.

Alle drei Überzeugungen wirken in Richtung auf ein und dasselbe Resultat: Minderung des Leistungswillens, Senkung der Investitionsneigung, Verzerrung der Signalunktion der Preise, Schmälerung der Gewinnchancen – und damit der Risikobereitschaft, kurz: Lähmung der produktiven Kräfte. Da dieser Sozial-Sozialismus ein schleichender Prozess ist, kann sich die relative oder absolute Verarmung einer von ihm befallenden Nation lange hinziehen.

Seinem Buch *Geld, Gott und Gottspieler* von 2004 hatte er den Untertitel *Am Vorabend der nächsten Weltwirtschaftskrise* gegeben. Im Gegensatz zu den irrlichternden und vom inflationistischen (keynesianischen) Zeitgeist geprägten Theorien, welche die wirtschaftswissenschaftlichen Fakultäten, die Medien und die politischen Kreise weltweit beherrschen, haben bisher nur die Vertreter der „Österreichischen Schule der Nationalökonomie" die tatsächlichen Ursachen und Wirkungszusammenhänge der aktuellen Schulden-, Euro- und Finanzkrise erkannt und erläutert. Henryk M. Broder: „Deutschland hat im Rahmen der Eurorettung Verpflichtungen von über 700 Milliarden Euro übernommen.

Wir sind des Wahnsinns fette Beute.

Was das bedeutet, hat der bayerische Dichter und Nervenarzt Oskar Panizza schon vor über 100 Jahren klar erkannt: „Der Wahnsinn, wenn er epidemisch wird, heißt Vernunft.“ Statt die Krise wirkungsvoll zu bekämpfen, zelebriert Deutschland Gutmenschentum und führt sich (mal wieder) als Erziehungsanstalt für den Rest der Welt auf. Broder: „Der Unsinn, an den die aufgeklärten Menschen von heute glauben, heißt Europa mit Vor- und Klima mit Nachnamen.“

Nur der Übergang zu stabilem Privatgeld (Marktgeld) stellt eine wirkliche Lösung dar, wie er in seinem Buch *Geldsozialismus* von 2010 mit wissenschaftlicher Präzision, aber dennoch in allgemein verständlicher Form darlegte. In diesem ebenfalls beeindruckenden Buch analysiert Baader scharfsinnig die völlige Entartung des Geld- und Finanzsystems. Geradezu gnadenlos werden die fatalen Folgen des staatsmonopolistischen und ungedeckten Papiergeldsystems sowie der zentralplanwirtschaftlich manipulierten Zinsen aufgedeckt.

Es ist eben nicht möglich, einen Wohlstandszuwachs durch das Drucken von Geld oder durch das Herbeizaubern von Krediten aus nicht vorhandenen echten Ersparnissen zu schaffen. Weil die meisten keynesianischen Ökonomen das Wesen von Geld nicht verstehen, bleiben ihnen die tatsächlich Ursachen und Wirkungszusammenhänge von übertriebenen Konjunkturzyklen verborgen.

Sie sehen nicht, dass die Fehlleitung von Ressourcen und Ersparnissen sowie die Fehlinvestitionen im Boom vom „deficit-spending“ ausgehen, weil falsche Preissignale und zu niedrige (nicht marktgerechte) Zinsen erzeugt werden. Dies wiederum führt zu falschen Marktinformationen über die tatsächlich vorhandenen Mengen und die tatsächlich gegebenen Strukturen und Knappheit an Gütern, sowie falsche Informationen über die Konsumentenwünsche.

Die keynesianischen Mainstream-Ökonomen sind „zu Ideenlieferanten der staatlichen und banktechnischen „Falschmünzer" geworden" – man könnte auch sagen: „zu akademischen Zuhältern" der politischen Machteliten und „der mit der Politik klüngelnden Hochfinanzkaste". „Die moderne Nationalökonomie hat sich von einer Moralphilosophie zu einer Prostitutionswissenschaft verwandelt", schreibt Baader in einem Buch *Geld, Gott und Gottspieler*. Weiter schreibt er: „Das Schlimmste am falschen Geld- und Kreditsystem sind noch nicht einmal die immer wiederkehrenden Boom-Blasen mit ihren Verschuldungsexzessen und Inflationsschüben, sowie die nachfolgenden Rezessionen, Depressionen und Währungskrisen – so furchtbare Folgen diese Auswüchse auch jeweils zeitigen. Noch verheerender ist eine andere Wirkung: Diese Krisen und Miseren werden mehr und mehr der Marktwirtschaft oder dem Kapitalismus zugeschrieben. Die Wahrheit ist jedoch: Von allen staatlichen Interventionen und politische Manipulationen, mit denen die Märkte gestört, gefesselt, verzerrt, gelähmt und irregeleitet werden, sind die zerstörerischsten: Das staatliche Scheingeld und das staatlich gestützte Betrugssystem des Fractional Reserve Banking."

Wie kaum ein anderer Autor hat Roland Baader die Verknüpfung zwischen wertstabilem Geld und der Moral in der Gesellschaft beschrieben. Im Neid und Begehrlichkeiten schürenden Gerangel um die Verteilung des Gegenwarts-Kuchens lässt der Sozial-Sozialismus die Menschen alle Grundprinzipien von Anstand und Moral vergessen. Letztlich zerstört der kollektive „Sozialwahn" alle Werte und Verhaltensweisen wirklicher Humanität und Hilfsbereitschaft: Verantwortungsgefühl, christliche Nächstenliebe, Eigenvorsorge und Zusammenhalt. Auf der politischen Ebene zerstört der überzogene Wohlfahrtsstaat die ethisch-geistigen Grundlagen einer freien Gesellschaft, sowie die Strukturen des Rechtsstaates mitsamt dem rechtsstaatlichen Bewusstsein seiner Bürger. Im Grund basiert die Sozialstaatsidee- bzw. Wohlfahrtsstaatsidee auf dem Denkmuster von Thomas Hobbes: Vom „Kampf aller gegen alle". Das tabuisierte Heiligtum „Sozialstaat" führt in den finanziellen, moralischen und gesellschaftlichen Bankrott.

In vielen „moralisierenden Intellektuellen“ sieht Baader einen zugleich macht- und einflussreichen Stand, der selber keine Verantwortung trägt, weder dient noch herrscht, und dessen einzige Produktivität die unproduktive und ins Leere zielende Kritik an Kapitalismus und Marktwirtschaft ist. In der Medien-Öffentlichkeit tritt auf diese Weise an die Stelle einer differenzierten politischen Argumentation nur noch ein von Gesinnungsethik geprägter pseudomoralischer und emotional aufgeladener Redeschwall -garniert mit entsprechenden Empörungsritualen-, damit der Nagel bei der info-dementen Bevölkerung auch richtig tief sitzt. Die austauschbaren, beliebigen und eitlen Schwafler in Politik und Medien, die sich für intellektuell halten, aber in Wahrheit nur unter der „Schädelpest“ leiden, waren ihm zuwider. Die täglich verstrahlte Verblödung von Rundfunk und Fernsehen ließe sich zynisch als geschickte Strategie interpretieren, den vorhandenen Massengeschmack zu nutzen, um die Gesellschaft auf einem einheitlichen Level zu demokratisieren. In welchem nicht nur, wie von Karl Marx gefordert, alle Klassenschranken fallen, sondern alle Schranken, die bisher die einen von den anderen trennten, zum Beispiel die Gebildeten von den Ungebildeten, lässt die Vision, alle Menschen seien gleich, wenigstens auf diese Art und Weise realisieren. Wären endlich alle gleichverblödet, würde die ersehnte Gleichheit herrschen. Nach diesem Prinzip funktioniert im Übrigen ja auch die deutsche Bildungspolitik: Es muss weit genug nach unten nivelliert werden, damit alle gleich (dumm) sind. Damit dieses traurig schäbige Treiben nicht allzu auffällig wird, werden kostspielige und völlig unsinnige „Exzellenzinitiativen“ propagiert. Von einer pervertierten, volksfernen und unrepräsentativen Parteiendemokratur sprach Roland Baader. Die von der politischen Kaste erzeugte „Sozialpathologie“ werde in einer „Wohlfahrtsdiktatur“ enden. Wie jedes Kollektiv, so ist auch der Wohlfahrtsstaat bzw. die „Wohlfahrtsdiktatur“ amoralisch, denn die Sozialstaats-Bürokratie reagiert nicht auf individuelle Notlagen, sondern auf organisierten gesellschaftlichen Druck, wie es Guy Kirsch treffend beschrieben hat.

In Ihrem Blog *Jenseits der Illusionsbedürftigkeit* beschreibt Susanne Kablitz sehr anschaulich die besondere Wirkung, die die Lektüre von Roland-Baader-Bücher auf sie gehabt hat: „Ich habe sie fast verschlungen – die Bücher dieses geistreichen und eloquenten Mannes, dessen Klarheit in der Sprache nur allzu oft zu meinem Seelenfrieden beigetragen hat. ... Roland Baader hat nicht nur mein Herz berührt, er hat auch meinen Verstand auf Vordermann gebracht und mir die Erklärungen geliefert, auf die ich lange vergeblich gewartet hatte. Mein unter oberflächlichen Begrifflichkeiten verschüttetes und viel zu häufig verratenes und dem Mainstream angepasstes Freiheitsgefühl wurde durch Roland Baader zu tatsächlichem Leben erweckt. Mit ihm tauchten sie alle auf – die liberalen Denker und die libertären Streiter. Die Gesichter, die ich vorher nicht gekannt hatte und die nun wie selbstverständlich in mein Blickfeld traten ..."

Zum Tode von Roland Baader schrieb Dominik Hennig auf seinem Blog *Eine neue Freiheit*: „Wir Freunde der Freiheit verlieren mit ihm den wortgewaltigsten und unerschrockensten Kämpfer für unsere gemeinsame Sache. Roland Baader verdanke ich persönlich sehr, sehr viel. Ich trauere um den größten und kämpferischsten Freiheitsdenker deutscher Zunge, dem ich am meisten von allen anderen verdanke, in den Irrungen und Wirrungen meiner Sturm- und Drangzeit letztlich doch den Weg zur Idee der Freiheit gefunden zu haben. Ohne seine mich schon als Schüler seit den frühen 90er Jahren inspirierenden Bücher und Veröffentlichungen wäre meine geistige Entwicklung wohl sehr viel unerfreulicher verlaufen und dieses Blog würde statt eines Rothbard-Zitates womöglich ein Hegel-Spruch, eine Keynes-Weisheit oder ein Schüttelreim von Philipp Rösler verunzieren. Roland Baader war ein Leuchtturm für so viele von uns. Sein Lebenswerk wird weiter ein Leuchtfeuer sein, das uns

Orientierung bietet und diesen großartigen Menschen unsterblich macht. Unvergessen, was er uns ins Stammbuch schrieb: „Gefährlicher für die Bewahrung der Freiheit als die erklärten Freiheitsfeinde sind die Lauen, die Gleichgültigen und die Abwiegler, jene, die verkünden, bei der Zerstörung der Freiheit werde nichts so heiß gegessen wie gekocht. Diese nützlichen Idioten erklären auch einem im Topf von Kannibalen befindlichen Menschen, er möge sich beruhigen, weil nichts so heiß gegessen wie gekocht werde."

Der Lyriker Liliencron (1844 - 1909) besang den Hochmut der im Frieden sorglosen Menschen, die die Gewalt des Meeres (der wirtschafts- und gesellschaftspolitischen Fehlentwicklungen) vergessen bzw. verdrängen und deren Stadt untergeht. (Dieter Stein) „Gegen den unleugbaren religiösen, kulturellen, politischen, wirtschaftlichen und moralischen Niedergang, in dem sich das Abendland befindet, stemmt sich Roland Baader mit der ganzen Kraft seiner spitzen Feder und des geschliffenen Wortes", schreibt Gregor Hochreiter in seinem Roland-Baader-Porträt *Geld, Gesellschaft, Zukunft* treffend.

In dem von ihm herausgegebenen Ludwig von Mises-Brevier mit dem Titel „Logik der Freiheit" schließt Baader sein Vorwort mit einer ganz persönlichen Empfehlung. „Wer in seinem Leben nur ein einziges Buch über Freiheit, Markt und Liberalismus lesen kann oder will, der möge dafür das Mises-Werk von 1927 *Liberalismus* wählen." Im gleichen Vorwort dankt Baader allen, die sich dafür verwenden, „dass diese Stimme im ordnungspolitisch verwahrlosten Deutschland wieder vernehmbar geworden ist, in einem Deutschland, das trotz des weltweiten Scheiterns sämtlicher Varianten des Sozialismus einem sozialpolitisch verbrämten Dreiviertel-Sozialismus anhängt."

Deutschland ist das Land, in dem die typisch Halbgebildeten anmaßend sind. Und die Halbbildung ist nicht die Vorstufe zur Bildung, sondern ihr Todfeind. Eine trübe Mischung aus Sozialneid, ideologischer Beschränktheit, fachlicher Unkenntnis, politischer Naivität, allgemeiner Gleichgültigkeit sowie dem fortschreitenden Verfall der bürgerlichen Werte führen dazu, dass Otto Normalbürger eigentlich nur noch ein einziges Lebensziel hat, das er allerdings umso heftiger einfordert: Die risikolose und komfortable Fürsorge durch Vater Staat.

Otto Normalbürger mutiert sekundenschnell zum emotional empörten Wutbürger, sobald sich hier irgendwelche Kritik bzw. Probleme zeigen. Das oberste Glaubensbekenntnis ist und bleibt sie soziale Sicherheit. Die menschlichen Dinge, warnte jedoch Karl Jaspers, gestatten keine absolute Sicherheit. Wer absolute Sicherheit fordert, bekommt die Unfreiheit und den politischen Tod.

Das politische Schachergeschäft „Sicherheit gegen Wählerstimmen" ist trügerisch und betrügerisch, denn am seinem Ende stehen Armut, Abhängigkeit und Tyrannei – und somit die größte aller Unsicherheiten. Die Marktwirtschaft ist die einzige uns bekannte Ordnung, in welcher die persönliche Freiheit gewahrt bleiben kann.

So stellt denn auch Wladimir Bukowski in seinem wunderbaren Buch *Dieser stechende Schmerz der Freiheit* dem Kapitel Über die Freiheit den Satz des (auch von Roland Baader sehr geschätzten) Griechen Perikles als Motto voran. „Sei überzeugt, dass das Geheimnis des Glücks die Freiheit, das Geheimnis der Freiheit der Mut ist." Nach George Orwell ist es in einer Welt des Betruges eine revolutionäre Tat, die Wahrheit zu sagen. Deshalb war Roland Baader ein wahrlich Mutiger!

Der Kreis seiner treuen Leser und Anhänger, zu denen auch die Autoren zählen, ist bestrebt, sich an seinem Mut ein Beispiel zu nehmen, seine Gedanken zu verbreiten und in die Zukunft weiterzutragen.

Quellen:

Thomas Bachheimer: Interview in den Deutsche-Wirtschafts-Nachrichten vom 02.08.2014

Roland Baader: Geld, Gott und Gottspieler, Gräfeling, Nachdruck 2007

Roland Baader: Geldsozialismus, Gräfeling 2010

Roland Baader: Kreide für den Wolf, Böblingen 1991

Roland Baader: totgedacht, Gräfeling, Nachdruck 2007

Christoph Braunschweig: Die demokratische Krankheit, München 2012

Susanne Kablitz: Bis zum letzten Atemzug, Tönisvorst 2015

Henryk Broder: Die letzten Tage Europas, München 2013

Gerd Habermann: Der liberale Luther, in: ef-Magazin Nr. 120, März 2012, S. 27

Gregor Hochreiter: Geld, Gesellschaft, Zukunft, Gräfeling 2014

Robert Nef. Die Poesie des Schwertes, in: ef-Magazin Nr. 120, März 2012, S. 24 - 26

Ingo Resch: Die Botschaft Jesu Christi als Weg zur Freiheit, in: ef-Magazin Nr. 120, März 2012, S. 28 - 30

Frank Schäffler: Christen und Liberale, in: ef-Magazin Nr. 120, März 2012, S. 22

Dieter Stein: Tidenhub der Geschichte, in: Junge Freiheit vom 08.08.2014, S. 1

Cora Stephan: im Blog des ef-Magazins

Roland Vaubel: Freiheit durch Dezentralisierung, in: FAZ vom 28.07.2014, S. 18

Seinem Buch *Kreide für den Wolf – Die tödliche Illusion vom besiegten Sozialismus* stellte Roland Baader einen Text mit der Überschrift „Mein Traum“ voran. Dieser Text sei hier auszugsweise angeführt:

Mein Traum

Damit wir uns schneller und besser kennenlernen, will ich dem Leser meinen Wunschtraum vorstellen:

Ich träume von einem vollbesetzen Bundestag (wohl nur bei Abstimmungen über Diäten-Erhöhung möglich). Plötzlich erhebt sich einer der Abgeordneten, allen anderen als aufrechtes Mannsbild bekannt, und tritt ans Mikrofon. Lange schaut er schweigend ins Hohe Haus, bis gespannte Stille eingetreten ist. Dann sagt er:

Meine Damen und Herren: Ich bin ein glühender Anhänger des demokratischen Rechtsstaats; ich bekenne mich zur freiheitlichen, individualistischen und christlichen Kultur, Tradition und Zivilisation des Abendlandes und der freien westlichen Welt.

Und genau aus diesem ernsten Grund sage ich allen hier versammelten Volksvertretern, allen Parteien, Politikern und Regierungsmitgliedern: Ich brauche Eure Subventionen und Transferzahlungen nicht; ich will nicht Euer Kinder-, Mutterschafts- und Sterbegeld, nicht Eure tausend Almosen und milden Gaben, die Ihr mir vorher aus der Tasche gezogen habt – und mir und meinen Kindern noch in fünfzig Jahren ziehen werdet. Ich brauche keine subventionierte Butter, kein Quoten-Rindfleisch und keine preisgarantierte Milch, keine EG-genormten Planwirtschafts-Erbsen und keine ministergelisteten Medikamente; ich brauche keinen Schwerbeschädigten-Ausweis für meine Plattfüße und keinen Almosen-Freibetrag für meine pflegebedürftige Großmutter, auch keine Kilometerpauschale und keinen Kantinen-Essens-Bon über eine Mark-dreißig. All’ Eure Wahlfang-Pfennige und -Scheine könnt ihr Euch an den Hut stecken.

Aber: Lasst mich dafür in Frieden. Ich bin nicht Euer Buchhalter, Statistiker und Belegsammler, der die Hälfte seiner Lebenszeit damit zubringt, Eure Steuerschnüffel-Bürokratie zu befriedigen, der von einem Paragrafen-Knäuel zum anderen taumelt und sich wie eine gehetzte Ratte durch alle Kanalwindungen Eurer kranken Steuergehirne windet. Schickt Euer Millionenheer von Faulärschen und parasitären Umverteilern nach Hause, Eure Vor- und Nachdenker moderner Wegelagerei und Strauchdiebeskunst, Eure Bataillone von Steuerfilz-Produzenten, Labyrinth-Pfadfindern und Paragrafen-Desperados, Eure Funktionärs-Brigaden von Verordnungs-Guerilleros und Stempelfuchsern, all' die nutzlosen Formularzähler und Arbeitsverhinderungs-Fürsten. Lasst mich einen festen, eindeutigen und ein-für-alle-mal fixierten Steuersatz zahlen, und bezahlt damit eine angemessene Verteidigungs-Armee und ein verlässliches Rechnungswesen, aber haltet Euch ansonsten heraus aus meinem Leben.

Dies ist mein Leben; ich habe nur eins, und dieses eine soll mir gehören. Ich bin niemandes Sklave, niemandes Kriecher und niemandes Liebesdiener. Ich bin ein freier Mann, der für sein Schicksal selbst und allein verantwortlich ist, der sich in die Gemeinschaft einfügt und die Rechte anderer genauso respektiert wie er seinen eigenen Pflichten nachkommt, der aber keine selbsternannten Ammen und scheinheiligen Gute Onkels, keine ausbeuterischen Wohltäter und von mir bezahlte Paradiesverkünder braucht. Was ist brauche, das sind: Freunde, Familie und rechtschaffende Christenmenschen, in guten und in schlechten Zeiten; und ich bin Freund, Familienglied und Christ, auch dann, wenn es anderen schlecht geht; aber dazu brauche ich keine Funktionäre und Schmarotzer, keine bezahlten Schergen und staatsversorgte Wohltäter. Dazu brauche ich nur die mir Nahestehenden und den Herrgott.

Hie stehe ich. Gott helfe mir! Ich kann nicht anders!

Werkübersicht Roland Baader (auszugsweise)

1987: (Hg.): Anlage 2000: langfristige Vermögensanlage an der Schwelle des 3. Jahrhunderts (Sicherheit und Risiko für ihr Geld). Waghäusel (vergriffen)

1988: Gold – letzte Rettung ... ? Ebmatingen / CH (Fortuna Finanz Verlag), (vergriffen)

1991: Kreide für den Wolf. Die tödliche Illusion vom besiegten Sozialismus, Böblingen (Anita Tykve Verlag), später Gräfeling (Resch Verlag)

1993: Die Euro-Katastrophe. Für Europas Vielfalt – gegen Brüssels Einfalt. Böblingen (Anita Tykve Verlag)

1995: (HG.): Die Enkel des Perikles. Liberale Positionen zu Sozialstaat und Gesellschaft. Gräfeling (Resch Verlag); darin: Vom Sozialismus zum Sozialstaat. Betrachtungen über ein deutsche Experiment, S. 96

1995: (Hg.): Wider die Wohlfahrtsdiktatur. Zehn liberale Stimmen. Gräfeling (Resch Verlag); darin: Die Angst des Lohnes und der Lohn der Angst, S. 98

1997: Fauler Zauber: Schein und Wirklichkeit des Sozialstaats. Gräfeling (Resch Verlag), 2. Auflg. 1998

1998: Der Dekalog der Verfassung der Freiheit, in: ef, Nr.1 (März 1998), S. 18 - 23

1999: Die belogene Generation. Politisch manipuliert statt zukunftsfähig informiert, Gräfeling (Resch Verlag), 2. Auflg. 2000, 3. Auflg. 2001

2000: Logik der Freiheit. Ein Ludwig von Mises-Brevier, Thun/ CH (Ott Verlag)

2000: Vom christlichen Glauben zur Sozalreligion, in: Ingo Resch (Hg.): Mehr als man glaubt, Gräfeling (Resch Verlag), S. 257 - 274

2000: Von den vier Säulen des Sozialismus, in: ef-Magazin, Nr. 12, (Oktober 2000), S. 31

2002: totgedacht, Warum Intellektuelle unsere Welt zerstören. Gräfeling (Resch Verlag)

2003: Voodoo-Ökonomie, in: Criticón, Nr. 178/179 (2003), S. 24 - 26

2004: Blutvergiftung; in: zeitreport, Nr. 145, Jan./Feb. 2004, S. 1 und 4 - 9

2004: Christen und Liberale. Wird das Läuten der Kirchenglocken bald verboten?, in: ef-Magazin, Nr. 48, Dezember 2004), S. 35 ff.

2004: Die totale Antidiskriminierung, in: Junge Freiheit vom 03.07.2004, S. 12

2004: Geld, Gott und Gottspieler. Am Vorabend der nächsten Weltwirtschaftskrise, Gräfeling (Resch Verlag), 2. Auflg., auch als Taschenbuch, 2005

2004: Lord Acton – Katholik und Liberaler, in: ef-Magazin, Nr. 46 (Oktober 2004), S. 46 - 49

2004: Manifest für eine „natürliche Ordnung" – Rezension zu: H. H. Hoppe: „Demokratie – Der Gott, der keiner ist", S. 148 - 150, in: Handelsblatt vom 21.01.2004

2005: Das Kapital am Pranger. Ein Kompass durch den politischen Begriffsnebel, Gräfeling (Resch Verlag)

2005. Wir werden wieder das beten lernen (Interview) in: smart investor, März 2005, S. 15 -17

2007: Geld. Moral, Zivilisation, in: smart investor Nr. 1/2007, S. 14 - 18

2007: Markt oder Befehl. 55 Streitschriften für die Freiheit, Grevenbroich (Lichtschlag Buchverlag)

2008: Freiheitsfunken I – Aphoristische Impfungen, Grevenbroich (Lichtschlag Buchverlag)

2009: Babylons Türme stürzen ein, in: factum magazin, Interview vom 15.06.2009

2010: Geldsozialismus - Die wirklichen Ursachen der neuen globalen Depression, Gräfeling (Resch Verlag)

2010: Du sollst produktiv sein!, in: Schweizer Monat, Ausgabe 981/ November 2010

2012: Freiheitsfunken II – Neue Aphoristische Impfungen, Grevenbroich (Lichtschlag Buchverlag)

2012: Frieden und persönliche Freiheit, Interview von Tobias Herter, in: ef-Magazin, Nr. 120 (März 2012), S. 59 - 61

Das Gesamtwerk Roland Baaders umfasst 11 Bücher, 3 Broschüren, 15 Buchbeiträge und über 200 Beiträge und Artikel in Zeitschriften und Zeitungen.

Er war das Aushängeschild des christlich-wertkonservativen Resch-Verlags.

Im Frühjahr 2012 erschien zu Ehren Roland Baaders eine Sonderausgabe des Magazins „eigentümlich frei“. Diese Sonderausgabe versammelte zahlreiche Würdigungen des Autors und seines Gesamtwerkes.

Das Liberale Institut in Zürich hat eine sehr informative Homepage für Roland Baader eingerichtet: „Informationen zum großen Freiheitsdenker“ (www. Roland-Baader.de)

Informationsquellen zum klassischen Liberalismus und Libertarismus:

Blogs/Stiftungen/Vereine und sonstige Institutionen

Achse des Guten

Aktionsgemeinschaft Soziale Marktwirtschaft (ASM), Tübingen

Austrian Economic Center, Wien

Avenir Suisse, Zürich

Cato Institute, Washington

Forum Freie Gesellschaft, Fürstenberg

Friedrich A. von Hayek Gesellschaft, Berlin

Friedrich A. von Hayek Institut, Wien

Friedrich A. von Hayek Stiftung, Freiburg i. Br.

freitum

Institut für Austrian Asset Management (IfAAM), Hamburg

Institut für klassischen Liberalismus, Tönisvorst

Institut für unternehmerische Freiheit e.V., Berlin

Institut für Wertewirtschaft, Wien

ISNM-Initiative Neue Soziale Marktwirtschaft, Berlin

John Stuart Mill Institut für Freiheitsforschung, Heidelberg kpkrause.de

Liberale Vereinigung, München

Liberales Institut, Zürich

Liberales Institut der Friedrich Naumann-Stiftung, Potsdam

Libertäres Institut, Bonn

ludwig-erhard-initiative.de

Ludwig von Mises Institut Deutschland, München

Ludwig von Mises Institute Auburn (Alabama), USA

Mont Pélerin-Gesellschaft, Genf

Roland Baader Akademie, Tönisvorst

Open Europe Berlin

sons of libertas.com

Stiftung Liberales Netzwerk

Stiftung Marktwirtschaft / Kronberger Kreis

Stiftung Ordnungspolitik

Students for Liberty

Walter Eucken Institut, Freiburg i. Br.

Wert der Freiheit Gmbh, Berlin

Wilhelm Röpke Institut, Erfurt (in Kooperation mit der Jenaer Allianz)

Zeitungen/ Zeitschriften:

Die Weltwoche, Zürich

ef-Magazin, Düsseldorf

FAZ (Wirtschaftsteil)

freiraum – Das Magazin für klassischen Liberalismus (online)

Junge Freiheit, Berlin

Sezession

Schweizer Monat, Zürich

Blog-Zeitung: Die Freie Welt

Verlage:

Frankfurter Allgemeine Buch

Finanzbuchverlag, München (mvg-Verlagsgruppe)

JUWELEN – Der Verlag, Tönisvorst

Lichtschlag Verlag, Grevenbroich/Düsseldorf

Manuscriptum-Verlag (Edition Sonderwege), Waltrop

Lau Verlag, Reinbek (vormals Olzog-Verlag, München)

Ott Verlag, Thun

Resch Verlag, Gräfeling (b. München)

Verlag Neue Zürcher Zeitung (NZZ)

Literatur zum klassischen Liberalismus und Libertarismus: (nur Bücher)

Peter Altmiks (Hrsg.): Im Schatten der Finanzkrise, München 2014

Peter Altmiks, Jürgen Morlok (Hrsg.): Noch eine Chance für die Soziale Marktwirtschaft?, München 2012

Roland Baader: Das Kapital am Pranger, Gräfeling 2005

Roland Baader: Die belogene Generation, Gräfeling 2005

Roland Baader: Geldsozialismus, Gräfeling 2010

Roland Baader: fauler Zauber, Gräfeling 1998

Roland Baader: Freiheitsfunken, Lichtschlag Nr. 17, Düsseldorf 2012

Roland Baader: Kreide für den Wolf, Böblingen, 1991

Roland Baader (Hrsg.): Logik der Freiheit, in: Ludwig von Mises-Brevier, Bern 2008

Roland Baader: totgedacht, Gräfeling 2002

Philipp Bagus: Die Tragödie des Euro: Ein System zerstört sich selbst, Frankfurt a. M. 2011

Philipp Bagus u. Andreas Marquart: Warum andere auf Ihre Kosten immer reicher werden, München 2014

Bruno Bandulet: Die letzten Jahre des Euro, Rottenburg 2010

Bandulet, Hankel Ramb, Schachtschneider, Ulfkotte: Gebt uns unsere D-Mark zurück, Rottenburg 2012

Bruno Bandulet: Vom Goldstandard zum Euro, Rottenburg 2012

Arnulf Baring: Scheitert Deutschland?, 2. Auflg., Stuttgart 1997

Stefan Blankertz: Das libertäre Manifest, Berlin 2002

Gérard Bökenkamp (Hrsg.): Markt, Freiheit und Reform – Ein Milton Friedman-Brevier, Zürich 2012

Norbert Bolz: Die ungeliebte Freiheit, Paderborn 2010

Norbert Borrmann: Die große Gleichschaltung, Schnellroda 2013

Hardy Boullion: Philosophie der freien Gesellschaft, Zürich 2013

Christoph Braunschweig: Das deutsche Narrenschiff, München 2015

Christoph Braunschweig: Die demokratische Freiheit, München 2012

Christoph Braunschweig und Susanne Kablitz: Kluge Geldanlage in der Schuldenkrise-Austrian Investing, 2. Auflg., Tönisvorst 2015

Hayek Akademie: Die Österreichische Schule der Nationalökonomie, Salzburg 2015

Christoph Braunschweig: Wohlfahrtsstaat – leb wohl!, Münster/Berlin 2013

Susanne Kablitz: Bis zum letzten Atemzug, Tönisvorst 2015

Henryk M. Broder: Die letzten Tage Europas, München 2013

Matthias Döpfner: Die Freiheitsfalle, Berlin 2011

Detmar Doering: Frédéric Bastiat, St. Augustin 1997

Detmar Doering: Kleines Lesebuch über den Liberalismus, St. Augustin 2007

Detmar Doering: Traktat über Freiheit, München 2009

Detmar Doering: Vernunft und Leidenschaft – Ein David Hume-Brevier, Thun 2003

Dietrich Eckardt: Die Freie Gesellschaft, Kreuzlingen 2015

Dietrich Eckardt: Eine missratene Beziehung, Kreulingen 2007

Daniel D. Eckert: Weltkrieg der Währungen, München 2014

Günter Ederer: Träum weiter Deutschland, Frankfurt a. M. 2011

Wolfram Engels: Soziale Marktwirtschaft, Stuttgart 1972

Hans Magnus Enzensberger: Sanftes Monster oder die Entmündigung Europas, Berlin 2011

Ludwig Erhard: Deutsche Wirtschaftspolitik – der Weg der Sozialen Marktwirtschaft, Düsseldorf 1962

Ludwig Erhard: Wohlstand für alle, Düsseldorf 1990

Walter Eucken: Die Grundlagen der Nationalökonomie, Bad Godesberg 1947

Walter Eucken: Grundsätze der Wirtschaftspolitik, Reinbek 1959

Joachim Fest: Die schwierige Freiheit, Berlin 1993

Milton Friedman: Kapitalismus und Freiheit, München 2009

Carlos A. Gebauer: Rettet Europa vor der EU, München 2014

Dominik Geppert: Ein Europa, das es nicht gibt. Die fatale Sprengraft des Euro, Europa Verlag 2013

Robert Grözinger: Jesus, der Kapitalist. Das christliche Herz der Marktwirtschaft, München 2012

Gottfried von Haberler: Prosperität und Depression, Bern 1948

Gerd Habermann (Hrsg.): Das Maß des Menschlichen – Ein Wilhelm Röpke-Brevier, Bern 2005

Gerd Habermann (Hrsg.): Der Weg zum Wohlstand – Ein Adam Smith-Brevier, Bern 2008

Gerd Habermann: Der Wohlfahrtsstaat am Ende, München 2013

Gerd Habermann: Freiheit oder Knechtschaft, München 2012

Gerd Habermann (Hrsg.): Philosophie der Freiheit – Friedrich A. von Hayek-Brevier, Bern 2008

Gerd Habermann u. Marcel Studer (Hrsg.): Der Liberalismus – eine zeitlose Idee, München 2011

Rainer Hank: Die Pleite-Republik, München 2012

Wilhelm Hankel, W. Nölling, K. A. Schachtschneider, J. Strabatty: Das Euro-Abenteuer geht zu Ende, Rottenburg 2011

Wilhelm Hankel: Die Eurobombe wird entschärft, Wien 2013

Wilhelm Hankel: Die Euro-Lüge, Wien 2010

Friedrich A. von Hayek: Der Weg zur Knechtschaft, München 2011

Friedrich A. von Hayek: Die Verfassung der Freiheit, Tübingen 2005

Friedrich A. von Hayek: Die verhängnisvolle Anmaßung, Tübingen 1966

Friedrich A. von Hayek: Entnationalisierung des Geldes, Tübingen 1977

Friedrich A. von Hayek: Individualismus und wirtschaftliche Ordnung, Erlenbach-Zürich 1952

Friedrich A. von Hayek: Recht, Gesetz und Freiheit, (Hrsg.: Victor J. Vanberg), Tübingen 2003

Hans-Olaf Henkel: Die Abwracker, München 2009

Hans Olaf Henkel: Die Euro-Lügner, München 2013

Hans Olaf Henkel: Rettet unser Geld, München 2010

Hans-Jörg Hennecke: Friedrich A. von Hayek zur Einleitung, Hamburg 2014

Gregor Hochreiter: Geld, Gesellschaft, Zukunft – Roland Baader: Porträt eines unbequemen Freiheitsdenkers, Gräfeling 2013

Gregor Hochreiter: Krankes Geld – Kranke Welt: Analyse und Therapie der globalen Depression, Gräfeling 2010

Hans-Hermann Hoppe: Demokratie – Der Gott, der keiner ist, Waltrop 2003

Hans-Hermann Hoppe: Der Wettbewerb der Gauner, Berlin 2012

Karen I. Horn: Die liberale Demokratie – Ein Benjamin Constant-Brevier, Thun 2004

Karen I. Horn: Die soziale Marktwirtschaft, Frankfurt a. M. 2011

Karen I. Horn: Hayek für jedermann, Frankfurt a. M. 2013

Jörg Guido Hülsmann: Die Ethik der Geldproduktion, Waltrop u. Leipzig 2007

Jörg Guido Hülsmann: Mises – Last Knight of Liberalism, Auburn (USA), 2007

Jörg Guido Hülsmann: Krise der Inflationskultur, München 2014

Bertrand de Jouvenel: Die Ethik der Umverteilung, München 2012

John Maynard Keynes: Allgemeine Theorie der Beschäftigung, des Zinses und des Geldes, Berlin 1952

Peter Graf Kielmansegg: Die Grammatik der Freiheit, Baden-Baden 2013

Václav Klaus: Europa?, Augsburg 2011

Manfred Kleine-Hartlage: Die liberale Gesellschaft und ihr Ende, Schnellroda 2013

Kurt R. Leube: Über Ludwig von Mises, Düsseldorf 1996

André F. Lichtschlag: Libertarism, BoD 2000

Michael Maier: Die Plünderung der Welt, München 2014

Thomas Mayer: Die neue Ordnung des Geldes, München 2014

Thomas Mayer: Europas unvollendete Währung, Weinheim 2013

Dirk Meyer: Euro-Krise: Austritt als Lösung?, Münster/Berlin 2012

Alfred J. Mierzejewski: Ludwig Erhard, München 2005

Ludwig von Mises: Die Gemeinwirtschaft, Jena 1932

Ludwig von Mises: Kritik des Interventionismus, Jena 1929

Ludwig von Mises: Theorie des Geldes und der Umlaufsmittel, Berlin 2005

Ludwig von Mises: Vom Wert der besseren Ideen, München 2012

Alfred Müller-Armack: Wirtschaftslenkung und Marktwirtschaft, Hamburg 1948

Robert Nef u. Robert Schwarz (Hrsg.): Neidökonomie – Wirtschaftliche Aspekte eines Lasters, NZZ, Zürich 2000

Christian Ortner: Prolokratie, Wien 2012

Ron Paul: Mises and Austrians economics: A personal view, Ludwig von Mises Institute Auburn (USA)

Thorsten Polleit: Der Fluch des Papiergeldes, München 2011

Thorsten Polleit u. Michael von Prollius: Geldreform – Vom schlechten Staatsgeld zum guten Marktgeld, Düsseldorf 2011

Thorsten Polleit, Philipp Bagus, Hans-Hermann Hoppe: Ludwig von Mises – Leben und Werk für Einsteiger, München 2013

Horst Poller: Die Philosophen und ihre Kerngedanken, München 2011

Horst Poller: Mehr Freiheit statt mehr Sozialismus, München 2010

Michael von Prollius: Die Pervertierung der Marktwirtschaft, München 2009

Bernd Thomas Ramb: Der Zusammenbruch unserer Währung, Hamburg 2010

George Reisman: Capitalism: A Treatise on Economics, Illinois, Jameson Books, 1996

Gerd-Lothar Reschke: Vom Falschgeldsystem zum freien Marktgeld, Leipzig 2011

Wilhelm Röpke: Civitas Humana, Erlenbach-Zürich u. Stuttgart 1979

Wilhelm Röpke: Die Lehre von der Wirtschaft, Erlenbach-Zürich 1949

Wilhelm Röpke: Jenseits von Angebot und Nachfrage, Bern/Stuttgart 1979

Wilhelm Röpke: Krisis und Konjunktur, Leipzig 1923

Wilhelm Röpke: Marktwirtschaft ist nicht genug, Waltrop 2009

Wilhelm Röpke: Maß und Mitte, Bern/Stuttgart 1979

Barbara Rosenkranz: Wie das Projekt EU Europa zerstört, Osnabrück 2013

Murray N. Rothbard: Das Schein-Geld-System, Gräfeling 2005

Murray N. Rothbard: Die Ethik der Freiheit, St. Augustin/Bonn 1999

Frank Schäffler: Nicht mit unserem Geld, München 2014

David Schah: Ayn Rand, Grevenbroich/Düsseldorf 2012

Helmut Schelsky: Wider der Wirklichkeitsverweigerung, München 2012

Günter Schmölders: Der Wohlfahrtsstaat am Ende, München 1983

Günter Schmölders: Geldpolitik, Tübingen/Zürich 1962

Günter Schmölders: Geschichte der Volkswirtschaftslehre, Reinbek 1962

Günter Schmölders: Psychologie des Geldes, Reinbek 1966

Eugen M. Schulak u. Herbert Unterköfler: Die Wiener Schule der Ökonomie, Weitra (Österreich) 2009

Bernd Senf: Der Nebel um das Geld, 10. Auflg., Kiel 2009

Reinhard Deutsch: Das Silberkomplott, Kopp-Verlag, Rottenburg a.N. 2006

Robert F. Sennholz: Money and Freedom, Libertarism Press, Spring Mills, Pennsylvania 1985

Hans-Werner Sinn: Die Target-Falle, München 2012

Hans-Werner Sinn: Ist Deutschland noch zu retten?, Berlin 2004

Adam Smith: Eine Untersuchung über das Wesen und die Ursachen des Reichtums der Nationen, Berlin 1976

Jesús Huerta de Soto: Die Österreichische Schule – Markt und Kreativität, Friedrich A. von Hayek Institut Wien, Wien 2007

Jesús Huerta de Soto: Geld, Bankkredit und Konjunkturzyklen, Stuttgart 2011

Jesús Huerta de Soto: Sozialismus, Wirtschaftsrechnung und unternehmerische Funktion, Stuttgart 2013

Joachim Starbatty: Tatort Euro, Wien/Berlin/München 2013

Daniel Stelter: Die Krise – was passiert mit unserem Geld?, München 2014

Ulrich von Suntum: Die unsichtbare Hand: Ökonomisches Denken gestern und heute, Heidelberg/Berlin 2013

Theresia Theurl: Eine gemeinsame Währung für Europa. 12 Lehren aus der Geschichte, Österreichischer Studienverlag 1992

Rahim Taghizadegan: Wirtschaft wirklich verstehen, München 2011

Roland Tichy: Tichys Totale – Wohin treibt Europa, Frankfurt a. M. 2010

Hans Willgerodt: Beiträge zur Politischen Ökonomie, Stuttgart 2011

Naomi Wolf: Wie zerstört man eine Demokratie, München 2010

Günter Zehm: An der Kehre, Berlin 2012

Über die Autoren:

Susanne Kablitz ist Autorin und Publizistin und referiert regelmäßig zu Themen rund um „gesundes Geld", den Kapitalismus und den Liberalismus. März 2013 schreibt sie auf ihrem Blog *Jenseits der Illusionsbedürftigkeit* rund um die „Österreicher", die ihr Herz für immer eroberten.

Sie ist Inhaberin des JUWELEN-Verlages (www.juwelenverlag.de), der sich der Verbreitung liberaler Bücher, Artikel und Publikationen angenommen hat und Chefredakteurin des Online-Magazins *freiraum - Das Magazin für klassischen Liberalismus.*

Christoph Braunschweig ist ehemaliger studentischer Hörer von Friedrich A. von Hayek und Professor der Staatlichen Wirtschaftsuniversität Jekaterinenburg. Er hat sich im Rahmen seiner zahlreichen Publikationen u. a. auf die Politische Ökonomie konzentriert.

Werte Leser,

wir, das Team vom Juwelen-Verlag, freuen uns, dass Sie dieses Buch gelesen haben; und wir hoffen, dass es Ihnen ebenso gut gefällt wie uns.

In Zeiten längst überwunden geglaubter sozialistischer Denk- und Handlungsweisen wurde als notwendiger Gegenpol im Oktober 2014 JUWELEN - Der Verlag durch Susanne Kablitz gegründet, den sie nun, gemeinsam mit ihrem Team, zu einem liberalen Literatur-Anker im deutschsprachigen Raum kultivieren wird. Bücher rund um den Liberalismus, besondere Publikationen und das Online-Magazin „freiraum - Das Magazin für den klassischen Liberalismus" runden das Angebot ab.

Selbstverständlich ist es uns eine Ehre, wenn wir Ihnen auch mit unseren anderen Werken eine Freude machen und eine Bereicherung sein können. Und natürlich freuen wir uns, Sie auf unserer Homepage wieder begrüßen zu dürfen. Stöbern Sie, fragen Sie, lassen Sie uns an Ihren Gedanken teilhaben.

Ganz im Sinne des Verlagsmottos:

JUWELEN - Der Verlag

Bücher für die Freiheit

Eine Hommage an die Einzigartigkeit des Menschen

Freiheitsdenker, die sich gern publizistisch betätigen möchten und auf der Suche nach einem Verlag und einer Plattform für ihre Schriften sind, sind herzlich eingeladen, JUWELEN - Der Verlag mit einer lauten und mächtigen Stimme zu ergänzen. Nähere Informationen finden Sie auch hier: www.juwelenverlag.de oder hier: www.freiraum-magazin.com.

Die schlimmsten Feinde der Freiheit sind deshalb nicht ihre erklärten Gegner, sondern die vielen Lauen und Laschen unter ihren angeblichen Freunden, die Gleichgültigen und Bequemen, die Gutmütigen und Gutgläubigen, sowie die Vulgärpoeten mit ihren Parolen, daß es „sooo schlimm ja nicht sei" oder daß man nicht „immer alles so negativ sehen" sollte. Diese nützlichen Idioten der Knechtschaft würden auch einem Menschen, der von Kannibalen gekocht werden soll, erklären, er möge sich beruhigen, weil „nichts so heiß gegessen wie gekocht" werde.

Roland Baader (1940 - 2012)